**2訂版**

# 指揮隊の活動要領

## 現場が求める実用知識

### 監修　東京消防庁

# 目　　次

## 第1章　指揮隊概論

## 第2章　専門知識と技術の伝承

### 第1節　大隊長の活動

## 第4節　消防活動事例

## 第3章　消防活動に影響する火災性状等

参考文献

# 第1章

## 指揮隊概論

## 第1 消防力の整備指針 （平成17年消防庁告示第9号、条文抜粋）

（指揮車）
第15条 災害現場において指揮活動を行うため、指揮車を配置するものとし、その数は市町村における消防署の数と同数を基準として、地域特性を勘案した数とする。
2 前項の規定による指揮車は、消防本部又は署所が管理するものとする。
（指揮隊の隊員）
第30条 指揮車に搭乗する指揮隊の隊員の数は、指揮車1台につき3人以上とする。ただし、災害が発生した場合に多数の人命が危険にさらされ、又は消防活動上の困難が発生するおそれが大きい百貨店、地下街、大規模な危険物の製造所等その他の特殊な施設等が管轄区域に存する消防署に配置する指揮車に搭乗する指揮隊の隊員の数は、指揮車1台につき4人以上とする。
2 前項の規定による指揮車に搭乗する指揮隊の隊員のうち、1人は、消防司令以上の階級にある者とする。

## 第2 規程関係 （条文抜粋）
### 1 東京消防庁災害活動組織規程

（隊長の資格）
第5条
25 大隊長は、消防署の警防課（八王子消防署にあっては、消防署の警防課及び由木分署、奥多摩消防署にあっては、消防署）に勤務する消防司令の階級にある者をもって充てる。
26 大隊長の代理は、消防署に勤務する消防司令の階級にある者をもって充てる。
（部隊の本部）
第6条 部隊の本部として、方面隊に方面隊本部を、署隊に署隊本部を置く。
4 方面隊本部に方面指揮隊を、署隊本部に署指揮隊をそれぞれ部別に置く。
6 署指揮隊に指揮隊長を置き、消防署に勤務する消防司令の階級にある者をもって充てる。

### 2 東京消防庁警防規程

（指揮隊の編成）
第4条 指揮隊は、指揮隊長、指揮担当、情報担当、通信担当及び伝令で編成する。
（大隊長等の任命）
第6条 大隊長、指揮隊長、消防救助機動部隊総括隊長（以下「機動総括隊長」という。）、消防救助機動部隊長（以下「機動部隊長」という。）及び前進機動指揮隊長は、大隊長等としての能力を有する者の中から所属長が任命する。
2 警防本部指揮隊長、即応対処部隊総括隊長及び即応対処部隊長は、前項にかかわらず、警防

部長が任命する。

3　救急機動部隊総括隊長（以下「救急機動総括隊長」という。）及び救急機動部隊長は、救急部長が任命する。

4　飛行隊長（飛行隊総括隊長、江東飛行隊長及び多摩飛行隊長を含む。以下同じ。）、航空消防救助機動部隊総括隊長（以下「航空機動総括隊長」という。）及び航空消防救助機動部隊長（以下「航空機動部隊長」という。）は、装備部長が任命する。

（隊長等の任命）

第7条　所属長は、資格、能力、適性等を踏まえ、所属職員の中から隊長、隊員及び機関員を任命する。

（出場命令）

第27条　指揮隊及び消防部隊（以下「消防部隊等」という。）は、警防本部長の命により、火災等が発生し、又は発生するおそれがある場合に、その被害を最小限にとどめるため又は警防態勢を確保するため、災害現場又は消防署、消防分署及び消防出張所（以下「署所」という。）へ緊急に出場しなければならない。

4　警防本部長による消防部隊等への出場指令は、警防部総合指令室を通じて行う。

（署指揮隊等）

第39条　署指揮隊は、警防本部長又は署隊長の命により出場するものとし、管轄区域内で火災等が発生した場合は、指揮本部を担当する指揮隊（以下「指揮本部指揮隊」という。）として出場する。

（指揮体制）

第42条　指揮本部長は、火災等に対し組織的で安全かつ効率的な消防活動を実施するため、出場した消防部隊等及び隊長等を統制するための体制（以下「指揮体制」という。）を敷くものとする。

2　指揮体制を敷いた場合は、指揮本部を設置するものとする。

3　指揮体制は、第1指揮体制から第4指揮体制までとする。

（指揮本部長の指定）

第43条　指揮体制ごとの指揮本部長は、次のとおりとする。

(1)　第1指揮体制　大隊長、副署隊長又は方面隊副長

(2)　第2指揮体制　署隊長

(3)　第3指揮体制　方面隊長

(4)　第4指揮体制　副本部長、警防本部理事、警防本部次長又は警防本部長

2　警防本部長、警防副本部長及び方面隊長は、火災等の状況を踏まえ、権限に応じた指揮本部長を指定することができる。

3　警防副本部長及び方面隊長は、火災等が広範囲にわたり、警防本部又は方面隊本部等にて指揮を執ることが効率的であると判断した場合は、第2条の規定にかかわらず、当該本部等にて自ら指揮本部長となることができる。

4　警防本部長、警防副本部長、方面隊長又は署隊長は、消防活動が長時間に及んでいる場合又は長時間に及ぶことが予想される場合は、臨時に又は継続して指揮本部長の交代者を指定することができる。

5　災害現場において大隊長が到着するまでの間、別に定める者については、指揮本部長を代行することができる。

（指揮本部の構成）

第44条　指揮本部は、指揮本部長及び指揮本部指揮隊により構成する。

2　指揮本部長は、火災等の状況を踏まえ、指揮本部の機能を強化する必要があると認めた場合は、指揮本部を支援する者（以下「現地幕僚等」という。）、消防部隊等を警防本部に要請することができる。

（指揮体制の判断）

**第45条**　火災時の指揮体制は出場区分に応じたものとする。ただし、上位の指揮体制の指揮者は、火災の状況、出場している消防車両数等を踏まえ、必要に応じて指揮に当たるものとする。

2　前項以外の火災等発生時における指揮体制は、前項に準ずるものとする。

3　指揮本部長は、消防活動が収束に向かった場合など消防活動の経過を踏まえ、下位の指揮体制に移行することができる。

（指揮本部長）

**第47条**　指揮本部長は、現場における消防部隊等の中核として最大の消防活動効果を挙げるよう努めるものとする。

2　指揮本部長は、上位の階級にある者が災害現場に到着したときは、火災等の状況及び消防活動概要に係る必要事項を速やかに報告するものとする。

（航空隊長等）

**第48条**　航空隊長及び航空副隊長は、指揮本部長を補佐し、又は指揮本部長の指揮下において、飛行隊長及び航空機動部隊長を指揮して消防活動を効果的に行うものとする。

2　飛行隊長は、航空隊長の命を受けてヘリ隊長を指揮し、速やかにヘリ隊の担当任務を決定し、消防活動に当たるものとする。

3　航空機動部隊長（航空機動総括隊長を含む。）は、航空隊長の命を受けて、機動救助隊長、機動救急隊長及び多摩分隊長以下を指揮し、飛行隊長と連携し、消防活動に当たるものとする。

4　ヘリ隊長は、飛行隊長の命を受けて隊を指揮し、速やかに自己隊の担当任務を決定し、消防活動に当たるものとする。

（総括部隊長等）

**第49条**　総括部隊長は、指揮本部長を補佐し、又は指揮本部長の指揮下において、消防活動を効果的に行うものとする。

2　即応対処部隊長（即応対処部隊総括隊長を含む。）、機動部隊長（機動総括隊長を含む。）、救急機動部隊長（救急機動総括隊長を含む。）及び前進機動指揮隊長は、前項に準ずるものとする。

（指揮隊）

**第50条**　指揮隊は任務により次のとおり区分する。

(1)　指揮本部指揮隊　指揮本部を運営する。

(2)　応援指揮隊　指揮本部指揮隊を支援するものとし、災害現場の局面の指揮等、指揮本部長の特命する事項を担当する。

(3)　情報指揮隊　応援指揮隊として、情報収集、分析及び情報の管理等に係る事項を担当する。

## 3　東京消防庁警防規程事務処理要綱

**第19　署隊本部員の出場（第39条関係）**

署隊本部員（隊長等を除く。）の出場は、次に掲げるとおりとする。

(1)　分署の警防係長は、当該分署担当区域内の火災等に出場する。

(2)　出張所長は、当該出張所担当区域の火災等に出場する。

(3)　情報員は、管轄区域内の火災等に出場する。

(4)　その他の署隊本部員は、署長の定める火災等に出場する。

**第23　災害現場における指揮本部長の交代者等（第43条関係）**

1　指揮本部長の交代者

災害現場における指揮体制別の指揮本部長の交代者は、次の順位による。

(1)　第1指揮体制

ア　消防司令の階級にある者

イ　副署隊長

　　　　ウ　署隊長
　　　　エ　方面隊副長
　　　　オ　指揮担当
　　　　カ　中隊長
　　⑵　第2指揮体制
　　　　ア　副署隊長
　　　　イ　方面隊副長
　　　　ウ　大隊長
　　⑶　第3指揮体制
　　　　管轄署隊長
　　⑷　第4指揮体制
　　　　ア　指揮本部長以外の警防本部次長、警防本部理事又は副本部長
　　　　イ　所管方面隊長
　2　中・小隊長の交代者
　　　災害現場における中・小隊長の交代者は、中・小隊に属する小隊長及び小隊員のうち、階級順、選任順に指揮本部長等が指定する。
　3　大隊長到着までの指揮代行
　　　大隊長が出場している災害現場において、大隊長が到着する前に現着し、大隊長到着まで指揮本部長を代行することができる者については、次の順位とする。この場合、職名を冠称し、指揮本部長の代行者であることを周知すること。
　　⑴　出張所長、分署の警防係長
　　⑵　即応対処部隊長、航空機動部隊長、機動部隊長
　　⑶　前進機動指揮隊長
　　⑷　救助指定中隊長又は最先着した中隊長
　　⑸　緊急配備隊の小隊長（消防士長の階級にある者を除く。）

**第26　上位の指揮者が指揮する火災等（第45条関係）**
　　　火災等に出場した上位の指揮者が、自ら指揮をとる必要があると認める場合とは、次に掲げるとおりとする。
　　⑴　指揮を執ることにより、効率的な消防活動が展開できると判断した場合
　　⑵　当該火災等の現場に多数の消防部隊等や現地幕僚等が出場し、総括する必要があると認めた場合
　　⑶　上位の出場区分への移行等、被害が拡大することが予想される場合
　　⑷　火災等が連続して発生し、指揮体制の確立が急務となっている場合
　　⑸　消防活動上の問題が対外的に発展すると予想されるような場合
　　⑹　報道対応が必要な場合

**第27　警防責任の遂行（第45条関係）**
　　　署指揮隊は、上位の指揮体制に移行した場合であっても、指揮本部の中核としての任務を遂行する。

**第28　指揮本部長の任務（第47条関係）**
　1　指揮本部長の任務は、次による。
　　⑴　指揮本部及び出場している消防部隊等の統括指揮
　　⑵　消防活動方針の決定
　　⑶　情勢に適応する部隊配備の決定
　　⑷　消防部隊等の応援要請
　　⑸　装備、資器材等の応援要請
　　⑹　火災等の経過の把握

　(7)　火災の推移の判断

　(8)　効果的な現場広報

　(9)　消防団等関係機関との連携

　⑽　その他必要な事項

　2　前1、(7)のうち、鎮火の判定に関して、指揮本部長が出場していない場合は、小隊長以上の職にある者又は消防司令補の階級にある者に判定させることができる。

## 第3　指揮体制

### 1　指揮組織

　当庁における消防部隊の指揮組織の例として、第一指揮体制の概念は図1-1のようになっている。図の中で太い縦線の系列にあるものは、ラインつまり指揮権を有するものであり、横に点線で結ばれているものはスタッフであり、指揮権を有しないものである。

図1-1　第一指揮体制

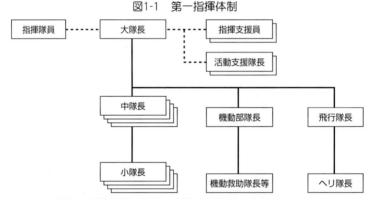

備考　実線は指揮系統、点線は補佐系統を示す。

　図を見れば明らかなように、階級が上位であっても指揮権のない者もあり、また下位の階級にあっても指揮権を有する者もある。

　指揮権の有無と階級とは全く別であって、ラインやスタッフは、階級で決定されるのではなく一つの職制であると考えるべきである。

　指揮系列（ライン）に属するものは、自己の指揮権限の範囲内で部下を指揮し積極的に任務を遂行しなければならない。

　積極的にという意味は、指揮者は常に上級指揮者からの下命事項を実施に移すことはもちろんであるが、下命事項を通じてその根底にある下命者の意図を実現する姿勢が大切である。

　また、指揮系列は、いつ、いかなるときでも尊重されなければならない。このため命令や報告は、指揮系列に従って行う必要がある。しかし、緊急の場合、又は危険が切迫している場合は、指揮系列を飛び越えて、命令、報告がなされる場合もある。それは、消防活動の特性から見て当然起きることであり、その場合、上位の指揮者は当該指揮者に対し速やかに下命又は報告事項を下達しなければならない。そうしないと指揮者は状況が理解できなくなり、事後の指揮が事実上困難になるからである。

　次にスタッフは、指揮権を有しないのが原則である。もし、スタッフが個別に指揮権を行使すると、各指揮者の責任が不明確になる。

　ただし、消防活動は時間の制約が厳しいため、スタッフがラインを補佐し、ラインが命令するという行動原則によらない場合がしばしばある。この消防活動の特殊性を考慮して、指揮

本部長の特命あるいは緊急の場合は、スタッフでも局面指揮等の部隊指揮がとれるように定められている。

なお、スタッフは、指揮本部長の判断資料を収集し、進言し、その一部を分担して指揮に当たる立場にあり、現場統括を下位の指揮者が行っている時は、指揮本部長に助言して方向付けを行い、あるいは申し出て重要任務の指揮を行う積極性が必要である。

## 2　上級指揮者が到着するまでの指揮本部長

災害の状況により、上位の出場を要請した場合、上級の指揮本部長が到着するまで若干の時間を要するのが普通である。このつなぎの時間帯の指揮本部長は、現場にある指揮本部長が引き続き行うことになる。

例えば、指揮本部長である署隊長が第3出場を要請した場合に、方面隊長が到着するまでは、署隊長が自己の名において指揮本部長の任務を行うものである。

## 3　指揮本部長と上位階級者の指揮権

上位階級者は、自己の判断により自主的に出場することがある。

例えば、第1出場で大隊長が指揮本部長となっている時に署隊長が到着することがよくある。状況によっては方面隊長が到着する場合もある。この場合、上位指揮者が到着したことによって自動的に指揮本部長が上位者に移行するものではない。もちろん必要があれば、上位者は指揮宣言をした上で指揮本部長となるが、その意思表示がない限り、たとえ上位階級者が現場にあっても指揮権は移行するものではない。

なお、出場区分が上位に移行した場合は、これに応じた指揮体制をとることになる。

写真1-1　指揮本部の活動

# 第4　指揮隊の任務等
## 1　指揮隊の整備経過

昭和48年10月に指揮本部に「指揮班、情報班」を設け体制の整備を図った。

その後、都市災害の複雑化、立体化に伴い、消防活動の困難性がますます増加する傾向にあり、活動態勢は、災害の実態に対応して、全面的に再検討を迫られたことから、昭和50年12月1日司令部長依命通達により、現行の指揮体制の基となる署指揮隊等の設置及び編成、任務等が整備された。

その後多くの依命通達を経て平成21年3月26日警防部長依命通達により、東京消防庁警防規程及び同事務処理要綱の全部が改正され、指揮隊を取り巻く活動体制についても整備されている。

## 2　指揮隊の任務

指揮本部長の補佐機関として、署隊、方面隊、警防本部にそれぞれ指揮隊が設置されており、出場計画又は応援要請等により出場する。

　指揮隊の主たる任務は、幕僚が指揮本部長の思索と決断に貢献するのに対し、指揮本部長の決心の実現に貢献することにある。つまり、指揮活動面において指揮本部長の手足となって活動するということであり、具体的には次のような任務を担当することになる。

(1)　指揮本部担当指揮隊

(2)　情報指揮隊

(3)　救急指揮所担当指揮隊

(4)　局面指揮担当指揮隊

(5)　その他指揮本部長の特命する事項

　以上のように、現場において分担する任務は実に多彩である。したがって、指揮隊は、どんな状況下においても下命事項について、迅速にかつ効率的に対処できるよう、日ごろの訓練を通じて能力を高めておく必要がある。

## 3　指揮隊員等の活動要領

　本消防活動要領は、指揮隊員等の基本的な活動要領を示すものである。

(1)　指揮本部指揮隊

| 職　　務 | 任　　　　　　務 |
|---|---|
| 指揮隊長<br>（大隊長） | 指揮本部長としての任務を行うものとし、指揮体制が上位に移行した場合は、指揮本部長を補佐する。 |
| 指 揮 担 当 | 指揮及び消防活動に関する次の事項を担当する。<br>　1　指揮本部長の補佐　　　　　5　消防活動状況の把握<br>　2　災害実態の把握　　　　　　6　指揮本部の運営<br>　3　火点及び延焼範囲の把握　　7　関係機関との連絡<br>　4　二次災害発生危険の把握 |
| 情 報 担 当 | 災害実態、消防活動及び報道対応等に関する次の事項を担当する。ただし、情報指揮隊到着後はこれらの事務の一部を分担して行う。<br>　1　関係者の確保　　　　　　　8　その他<br>　2　対象物の実態把握　　　　　　(1)　写真撮影<br>　3　人命危険　　　　　　　　　　(2)　り災建物の状況<br>　4　消防活動上の特性　　　　　　(3)　火災に至った経過<br>　5　災害の拡大危険　　　　　　　(4)　発見、通報、初期消火の状況<br>　6　消防隊の活動状況　　　　　　(5)　死傷者発生の要因<br>　7　各種情報の収集、分析、　　　(6)　防火管理等の状況<br>　　整理及びまとめ等（初期）　　(7)　情報の管理 |
| 通 信 担 当 | 1　命令伝達<br>2　通信連絡<br>3　災害経過の記録 |
| 伝　　　　令 | 指揮隊長からの命令の伝達及び特命事項 |

備考　情報員がいる場合は、情報担当と任務を分担すること。

　（表1-1指揮隊員の時機別任務ポイント及び表1-2指揮隊の時機別情報収集・活動項目を参照）

表1-1

指 揮 隊 員 の 時 機 別 任 務 ポ イ ン ト

| 項目 | 覚知から途上 | 現着から初期 | 中 期 | 後 期 | 安全管理 |
|---|---|---|---|---|---|
| 指揮隊長（大隊長） | ア 指令番地、出場隊、最先着隊、警防本部情報の確認<br>イ 指揮隊員へ任務の具体的な下命<br>ウ 先着隊からの情報把握<br>エ 途上命令の具体性 | ア 現場把握・災害実態の把握<br>イ 重要情報（作業危険、逃げ遅れ）の把握、周知、報告<br>ウ 部隊配備の確認、任務付与、活動統制<br>エ 先着隊からの活動状況の把握<br>オ 応援要請の有無<br>カ 活動方針の決定周知 | ア 消防活動状況の把握、活動部隊の任務履行状況の確認<br>イ 活動方針の見直し<br>ウ 火災推移に伴う措置（指揮権の移行、指揮本部長の補佐等）<br>エ 延焼防止等の判断、時機 | ア 活動方針の変更、活動隊への周知<br>イ 鎮圧、鎮火の判断、時機<br>ウ 消防行政上、社会的影響（ライフライン等の障害）の把握<br>エ 部隊縮小の決定<br>オ 報道対応（情報指揮隊出場時を除く） | ア 危険要因の把握<br>イ 安全監視（安全管理担当隊長・安全管理隊等の配置）<br>ウ 安全管理に関する具体的な指示<br>エ 基本的事項の省略行為の有無<br>オ 受傷事故発生時の対応（応急処置、報告等） |
| 指揮担当 | ア 出場隊（出向隊、最先着隊）、警防本部情報の確認<br>イ 途上視認状況の確認<br>ウ 気象状況の確認 | ア 火元建物実態把握、火点・延焼範囲の確認(所在、名称、構造、用途、階層、延焼方向)<br>イ 危険要因（人命、作業、延焼）の把握<br>ウ 消防活動状況及び部隊集結状況の把握と戦力分析<br>エ 指揮本部長の補佐・指揮本部運営 | ア 火災の推移と部隊の活動状況の把握<br>イ 出場隊の部隊管理<br>ウ 二次災害発生危険の把握 | ア 転戦可能隊の把握と指揮本部長への報告<br>イ 被害状況の把握 | |
| 情報担当(員) | ア 警防計画の確認<br>イ 署隊本部からの情報確認<br>ウ 街区、地域特性の確認<br>エ 指揮隊長(大隊長)への報告 | ア 関係者の確保<br>イ 逃げ遅れ情報、危険情報、建物関連情報等の把握と報告<br>ウ 写真撮影 | ア 火点建物の状況把握<br>イ 重要情報の分析、追跡、確認、報告<br>ウ 発見通報初期消火の状況確認<br>エ 広報活動<br>オ トラブルの有無の把握と一時的な対応、報告 | ア 重要情報の追跡確認、報告<br>イ 死傷者の発生要因の確認 | |
| 通信担当 | ア 指令番地の確認<br>イ 車両の運行<br>ウ 部署位置の確認、報告 | ア 警防本部、署隊本部との無線交信<br>イ 命令、情報の伝達<br>ウ 重要・緊急情報の伝達 | ア 災害経過の記録及び整理<br>イ 出場隊の確認 | 警防本部に対する消防活動及び被害状況等の報告 | |
| 伝令 | ア 警防本部、最先着隊等の無線情報の受信、報告　イ 出場隊の把握、報告　ウ 指揮隊長(大隊長)からの下命事項の伝達、周知　エ 延焼面積の算定　オ 通信担当への災害活動状況の伝達 | | | | 転戦可能隊の把握、報告 |

表1-2

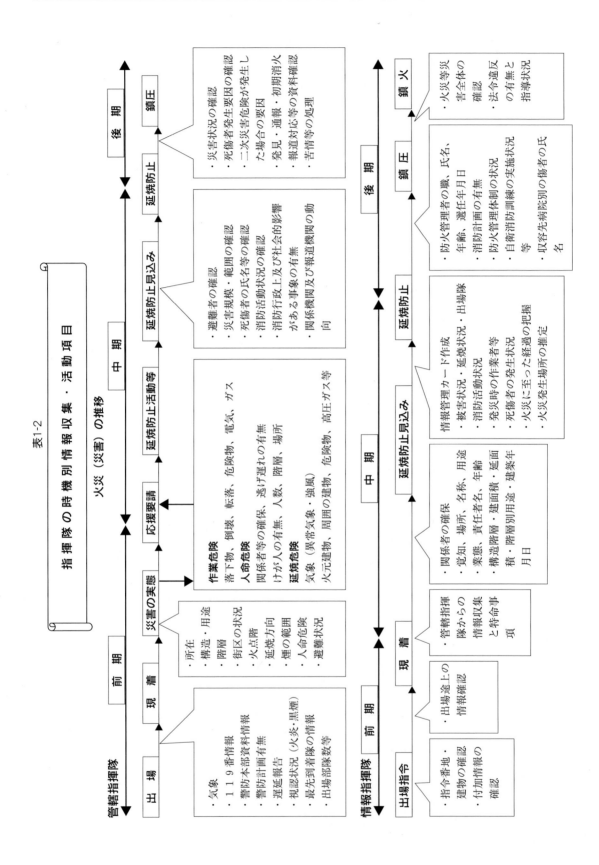

**指揮隊の時機別情報収集・活動項目**

火災（災害）の推移

**管轄指揮隊**

時機：前期〔出場・現着〕／中期〔災害の実態・応援要請・延焼防止活動等・延焼防止見込み〕／後期〔延焼防止・鎮圧〕

【出場・現着】
気象
・119番情報
・警防本部資料情報
・警防計画有無
・遅着報告
・視認状況（火炎・黒煙）
・最先到着隊の情報
・出場部隊数等

【災害の実態】
・所在
・構造・用途
・階層
・街区の状況
・火点階
・延焼方向
・煙の範囲
・人命危険
・避難状況

【応援要請・延焼防止活動等】
作業危険
落下物、倒壊、転落、危険物、電気、ガス
人命危険
関係者等の確保、逃げ遅れの有無、人数、階層、場所
けが人の有無
延焼危険
気象（異常気象・強風）
火元建物、周囲の建物、危険物、高圧ガス等

【延焼防止見込み】
・避難者の確認
・災害規模・範囲の確認
・死傷者の氏名等の確認
・消防活動状況の確認
・消防行政上及び社会的影響がある事象の有無
・関係機関及び報道機関の動向

【延焼防止・鎮圧】
・災害状況の確認
・死傷者発生要因の確認
・二次災害危険が発生した場合の要因
・発見・通報・初期消火
・報道対応等の資料確認
・苦情等の処理

**情報指揮隊**

時機：前期〔出場指令・現着〕／中期〔延焼防止見込み・延焼防止〕／後期〔鎮圧・鎮火〕

【出場指令】
・指令番地・建物の確認
・付加情報の確認

【現着】
・出場途上の情報確認
・管轄指揮隊からの情報収集と特命事項

【延焼防止見込み】
関係者の確保
・覚知、場所、名称、用途
・責任者名、年齢
・業態、実態
・構造階層、建面積・延面積、階層別用途・建築年月日

【延焼防止・鎮圧】
・情報管理カード作成
・被害状況・延焼状況
・消防活動状況
・発災時の作業者等
・死傷者の発生状況
・火災に至った経過の把握
・火災発生場所の推定

【鎮圧】
・防火管理者の職、氏名、年齢、選任年月日
・消防計画の有無
・防火管理体制の状況
・自衛消防訓練の実施状況等
・収容先病院別の傷者の氏名

【鎮火】
・火災等災害全体の確認
・二次災害危険の有無と状況
・法令違反の有無と指導状況

(2) 前(1)の各任務は、大隊長の統括のもとに、担当ごとに分担して行動することになっているが、基本的パターンは次のとおりである。

ア 指揮担当、情報担当及び情報員は、指揮本部を定位として行動する。これは、終始指揮本部に固定配置になるということではなく、主として指揮本部ベースとして行動するということである。

イ 通信担当は、指揮隊車に固定配置又は、無線運用可能な場所で災害現場と警防本部との中継基地としての役割を果たすものである。通信担当は、単に指揮本部長から指定された事項を警防本部に報告するということではなく、報告内容を自ら整理し、大隊、署隊としての現場報告が終始一貫、的確に行われるようチェック機能をも果たすものである。さらに、各隊から個々に警防本部へ報告された内容の受信に努め、現場指揮に必要な事項があれば直ちに指揮本部長に報告しなければならない。

ウ 伝令員は、大隊長又は署隊長と必ず行動を共にし、指揮本部長の命令伝達や延焼面積の算定等に当たる。

エ 情報担当と情報員の任務は、いずれも消防活動に必要な情報を収集、整理して消防活動に活用できるようにするのであるが、情報担当は、終始指揮に直接関係する諸情報の収集・整理・分析等に従事するのに対し、情報員は、初期においては、情報担当と同様であり、中期以降は火災に至った経過及び現場広報活動等に必要な諸情報の収集に移行するものである。

(3) 災害の規模が拡大して指揮活動が複雑化すると、出場体制に応じて情報指揮隊、応援指揮隊等複数の指揮隊が出場することとなる。各指揮隊は、それぞれ直接に指揮本部長、又はその命令を受けた幕僚の指揮下に入るもので、指揮隊同士の上下関係はない。しかし、それぞれの任務の一部が重複することがあり、また間隙を生じることもあるから、各指揮者は相互に連絡し合い、情報を交換し、全体としての指揮活動が効率的に行われるよう配意しなければならない（表1-3指揮隊員の基本的行動パターンを参照）。

表1-3

## 指 揮 隊 員 の 基 本 的 行 動 パ タ ー ン

### 指 揮 本 部

#### 指 揮 本 部 長

| 指 揮 担 当 | 情 報 担 当 |
|---|---|
| 指揮本部長の全般的な補佐 | 人的情報等の収集、整理 |

**主に指揮本部をベースとして行動する。**

**伝 令 員**
大隊長等と行動を共にする。
主に命令伝達、延焼面積の算定等を行う。

**情 報 員**
災害の撮影、火災に至った経過等の諸情
報の収集及び現場広報等

### 警 防 本 部

**通 信 担 当**
情報の整理、現場報告の的確な
チェックと警防本部等への報告をする。

**署 隊 本 部**
人的情報等の提供
建物情報等の提供
関係機関への連絡

⑷　情報指揮隊

　　情報指揮隊は、指揮本部の保有する情報を基に指揮本部指揮隊の情報担当等と連携し、次の任務を遂行するものとする。

| 職　　務 | 任　　　　　　　　務 |
|---|---|
| 指 揮 隊 長 | 1　指揮本部長の特命する情報に関する重点事項及び報道対応等を最優先とする。<br>2　各種情報の収集、分析、整理及びまとめ等、情報に関する総括的な業務を行うとともに消防活動上必要な情報は速やかに指揮本部長に報告すること。 |
| 指 揮 担 当 | 指揮本部指揮隊と連携し、次の事項を担当する。<br>1　対象物の実態　　　　　　　5　二次火災発生危険<br>2　火点及び延焼範囲　　　　　6　災害の拡大危険<br>3　人命危険　　　　　　　　　7　消防隊の活動状況<br>4　消防活動上の問題点 |
| 情 報 担 当 | 各種情報の収集、分析、整理及びまとめ等指揮本部指揮隊と連携し、次の事項を担当する。<br>1　関係者の確保　　　　　　　5　消防用設備の作動状況<br>2　り災建物の状況　　　　　　6　防火管理等の状況<br>3　火災に至った経過　　　　　7　自衛消防隊の活動状況<br>4　発見、通報、初期消火の状況 |
| 通 信 担 当 | 指揮本部指揮隊車に出向し、通信担当と連携し次の事項を担当する。<br>1　災害経過の記録、整理<br>2　隊長の命による報道対応等の資料作成<br>3　通信連絡 |
| 伝　　　令 | 指揮隊長からの命令の伝達及び特命事項 |

（表１－４消防活動上必要な情報及び表１－５消防行政上必要な情報を参照）

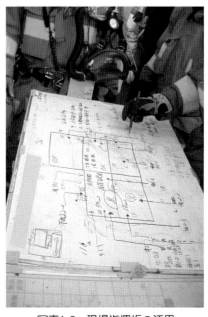

写真1-2　現場指揮板の活用

表1-4

## 消 防 活 動 上 必 要 な 情 報

**情報をもとに判断するポイント**

1　被害状況の予測
2　人命検索救助活動の要否
3　応援要請の要否
4　火災警戒区域又は消防警戒区域等の設定、範囲、時間、設定者
5　活動危険等の排除や隊員の安全管理並びに危害防止等について時機を
　失しない対応をする。

**火災初期**

1　爆発物、毒・劇物、各種ガス類、危険物、R・Iの有無、変電設備・電気施設
　の通電状況
2　延焼範囲、延焼方向の状況、爆燃危険箇所の有無
3　転落のおそれのある箇所、倒壊危険箇所、落下物等による危険箇所の有無
4　火元責任者等の避難の状況、逃げ遅れや行方不明者の状況
5　建築物内部の防火区画、内装材、収容物品等の状況
6　消防用設備等の種別及び作動状況
7　消防対象物関係者の確保と自衛消防隊との連携活動状況
8　救出又は消防活動の状況と災害の推移の状況
9　警察、電気、ガス、水道関係者等との連携活動状況、その他消防活動上の必要
　事項

**火災中期**

1　出火当時の在住人員と避難状況の確認
2　延焼危険と被害予測
3　隣接建物への延焼危険の有無
4　火点下階層及び周辺への水損状況
5　交通渋滞及び公共施設物への影響の有無
6　検索、救助、筒先配備、傷病者の確認等の状況
7　その他消防活動上必要とする事項

**火災後期**

1　出場部隊数、人員等
2　消防隊の活動状況（特殊資器材の活用等）
3　活動の困難性、危険性、長時間活動する場合はその状況
4　出火場所
5　類焼建物の状況（名称、用途、責任者、居住者等）
6　罹災建物の状況、人員（共同住宅等は各部屋ごとに確認する。）
7　焼損程度
8　発見状況、通報状況、初期消火状況
9　交通障害及び公共施設への影響

表1-5

## 消 防 行 政 上 必 要 な 情 報

### 対象物の使用形態等
1　使用形態
2　建築経過等
3　収容物等の状況
4　居住者等の職業等
5　消防関係法令の履行状況

### 火災に至った経過
1　火源、出火場所、燃焼拡大要因等
2　火災の発見
3　火災等の発生に直接関係ある者の行動
4　出火前の作業及び工事状況等

### 防火管理等
1　防火管理者等の氏名、年齢、職業、選任年月日
2　防火管理体制（昼間、夜間）
3　危険物施設等の許可年月日、品名、数量等
4　消防計画の届出及び自衛消防訓練の実施
5　査察の実施状況

### 消防行政上配慮する事案
1　対象物
　ア　官公庁等の建物、施設
　イ　著名人等の居住する建物等
2　公安事件関係及び国家、企業秘密に属する事案
　ア　特殊な事案
　イ　重大な消防関係法令等の違反にかかわるもの
3　再出火の疑いのある火災
4　消防活動に伴う苦情等のおそれが予想される事案
5　消防行政上不利益となる事案
6　消防職・団員の重大な事故
7　その他必要と認める事項

関係部課に速報する。
情報管理に留意する。
指揮本部長は適切な対応をする。

### 著名人等
1　国会議員及び地方議員
2　法曹関係者及び国家・地方公務員の幹部
3　公安職員等（消防職員、警察職員等）
4　一流企業、団体の幹部
5　未成年者、災害時要援護者等
6　俳優、タレント、プロスポーツ等の関係者

### 被害状況及び人命危険等
1　火点建物、類焼建物を含め棟数及び焼損面積
2　特殊な焼損物件
3　水損防止
4　死傷者の状況（氏名、年齢、職業、救助状況）
5　消防部隊又は一般人による救助活動状況
6　避難、誘導状況
7　傷者の収容先医療機関

第2節　指揮活動

## 第1　指揮本部の運営等

### 1　指揮本部の運営の意義

　災害現場においては、指揮本部長の決定する活動方針を実現するため、各隊が様々な任務を分担して遂行することとなる。

　一方、各隊の活動はそれぞれ密接な関係があり、一部の隊の恣意的行動は、他隊の活動に思わぬ影響を及ぼし、消防活動全体が大きな支障を受けることとなる。

　したがって、災害の規模、態様に応じた組織活動を展開させるためには、指揮本部長を中心とした指揮本部が、各隊への任務下命、活動統制などその機能を最大限に発揮し、円滑な運営に当たることが重要である。

　特に指揮本部長の任務は、災害の実態把握、活動方針の決定、部隊指揮、応援要請、現場通信、現場広報など多彩かつ広範囲であることから、スタッフとしての指揮隊の有効活用がポイントである。

### 2　指揮本部の設置、開設

(1)　指揮本部の設置、開設は、災害の態様、規模から消防隊の活動が3隊以上となる場合を基本とし、そのほか警戒区域を設定した場合、災害規模が大きくなることが予測される場合など指揮本部長が判断する。

(2)　指揮本部の開設時機は、おおむね第一出場隊の部隊配備（任務付与）が完了した時点を目標とする。ただし、災害の規模、態様に応じて指揮本部開設を省略し、縮小することができる。

(3)　指揮本部は、災害の状況及び周囲の環境等により、指揮隊車あるいは防災機動車の車内で運用することにも配意する。

(4)　防災センターを有する対象物では、指揮本部を防災センター内に設置することを原則とするが、高層ビル等で無線障害がある場合は屋外に指揮本部を設置し、防災センターとの連絡体制を確保する。

(5)　指揮本部を設置した場合は、位置等を含めて警防本部に報告するとともに出場各隊に周知する。

### 3　指揮本部の運営

(1)　災害現場における指揮本部長の位置は、常に明確でなければならない。

　　　指揮本部開設後は、努めて指揮本部において指揮を行う。

　　　なお、状況把握等のため指揮本部を離れる場合は、指揮担当が指揮本部に位置することに配意する。

(2)　指揮本部長は、管轄指揮隊の機能を最大限に発揮させるため、情報の収集、分析、整理及び伝達等について具体的に指示を行うとともに、情報指揮隊、署隊本部、警防本部等と連携した指揮本部運営に当たる。

(3)　指揮本部の周囲を統制し、特に報道関係者の取材等が活発な場合は、指揮本部とは別に広報場所を設定するなどの配意をする。

(4)　指揮本部で収集した情報の整理、分析はその都度行い、必要に応じて活動中の各隊に下命、あるいは情報をフィードバックする。

## 4　局面指揮要領

(1)　局面指揮者指定要領等

　ア　指揮本部長は、災害状況及び消防活動状況等から必要と判断した場合は、方位・階層等の場所的要素及び消火、救助又は後着部隊管理等の機能的要素の任務を明確にして、速やかに局面指揮者を指定し、必要に応じて局面指揮所を設置する。

　　　なお、局面指揮所のうち、指揮本部長の命を受けて局面の消防活動を指揮する活動拠点を前進指揮所、集団災害時に指揮本部長の命を受けて救急活動を指揮する活動拠点を救急指揮所という。

　イ　指揮本部長は、各局面の活動部隊を指定するとともに、局面指揮者の名称及び任務を出場部隊全隊に周知徹底する。

　ウ　指揮本部長は、円滑な局面指揮を行うため、必要な指揮隊、消防部隊及び人員を指定して局面指揮者の補佐をさせることができる。

(2)　局面指揮者の指揮要領

　ア　局面指揮者は、指揮本部長の活動方針に基づき、担当局面等における具体的な活動方針を樹立し、活動部隊を指揮統括するとともに、指揮本部長に対して活動状況を報告する。

　イ　局面指揮者は、不測の事態（職員の事故、急激な災害拡大等）が発生した場合には、担当局面の消防部隊等に対して迅速に対応を指示するとともに、直ちに指揮本部長に報告する。

　ウ　局面指揮者は、担当局面の消防部隊が不足すると判断した場合又は不従事隊がある場合は、所要の隊を把握し、指揮本部長に報告する。

## 5　警戒区域の設定

(1)　火災警戒区域の設定（消防法第23条の２）

　ア　ガス、火薬又は危険物等の飛散、漏えい、流出等の事故で人的、物的に被害を与えるおそれがある場合は、速やかに火災警戒区域を設定する。

　イ　警戒区域設定に当たっては、測定器を有効に活用するとともに、関係機関及び専門的知識を有する関係者と密接な連絡、協議を行うものとする。

ウ 警戒区域の設定範囲は、道路、街区、地番等で指定することを基本とし、最初は安全を考慮して広めに設定する。

なお、設定範囲を縮小する場合は、測定器等で安全を確保した後、順次縮小するものとする。

エ 警戒区域は、ロープ、警戒テープ等で明示するほか、隊員、消防団員に指示、あるいは警察官の協力を得て必要な措置を講ずる。

オ 警戒区域を設定した場合は、消防本部に報告するとともに、消防隊及び付近住民等に「設定時間、設定範囲、区域内の禁止行為あるいは制限等」の必要事項を拡声器などを活用して周知徹底する。

カ 警戒区域内では、原則的に火気及び投光器など火花を発生するおそれのある資器材の使用は禁止する。

キ 指揮本部長は、区域内の消防活動統制を強力に行い、原則として安全が確認できるまでは、進入禁止とする。

なお、消防活動のため、緊急かつやむを得ず隊員を進入させる場合は、電路、ガス等の着火源の遮断あるいは耐熱服の着用など安全を最大限に確保することに配意する。

ク 指揮本部長は、警戒区域を設定した場合は、付近住民を規制していること及び交通障害等を踏まえ、警戒区域の段階的縮小、解除に配意する。

(2) 消防警戒区域の設定（消防法第28条）

ア 消防活動上の障害あるいは延焼及び倒壊などにより、危険がある場合又は危険が予想される場合は、消防警戒区域を設定し、その範囲を明示する。

イ 高圧ガス、アセチレンボンベ等がある場合は、それらの爆発危険及び建築物の配列、構造等による延焼又は倒壊危険を考慮して警戒区域を設定する。

ウ 警戒区域は、火点を中心として風下側を広く取り、道路境界等を警戒線とする。

エ その他については、火災警戒区域の設定とおおむね同様とする。

## 第2 現場指揮

### 1 現場指揮の意義

災害現場では、指揮本部長が災害状況及び部隊を掌握し、明確な活動方針のもとに組織的な活動を展開し、トータル被害の軽減を目標として指揮を行うことである。

そのためにも、指揮本部長の活動方針を実現させる手段として、各隊に具体的に指示命令を行うとともに活動を統制することが、現場指揮の基本である。

したがって、指揮本部長は、消防活動の核であり、いかなる事態に対処しても沈着、冷静な判断を行い、確固たる信念を持って現場指揮に当たることが必要である。

### 2 指揮の基本事項

(1) 消防活動は、人命検索、救助を第一とし、消火活動は、周囲建物への延焼阻止を主眼とした指揮を行う。

(2) 災害の状況、部隊の集結及び機能を掌握し、各級指揮者を通じて具体的に下命（任務付与）を行う等各隊の任務を明確に示す。

⑶　災害の状況等から、部隊が不足すると判断した場合、あるいは特殊な部隊及び資器材が必要と判断した場合は、躊躇することなく応援要請を行い、迅速に活動態勢を確保する。

⑷　特異災害、大規模災害等の場合は、消防活動範囲が広く、また複雑となることから、早期に応援指揮隊を要請するなど指揮本部機能を強化する。

⑸　災害現場では、常に危険が存在、また潜在していることを認識し、活動環境及び各隊の活動状況の掌握に努める。

　　特に活動中危険を察知した場合は、直ちに一時退避等の措置を講ずるとともに、危険情報は全隊員に周知徹底させる。

⑹　指揮本部長の統制下で活動させることが鉄則であり、一部の恣意的行動は、消防活動全体に大きな影響を及ぼすことから、統制下での活動を徹底させる。

⑺　事前に配備した筒先は、延焼後の筒先よりも数倍の威力を発揮する。早期に隣棟、直上階に警戒筒先を配備し、延焼に備える。

⑻　火災現場では、焼失による直接被害と交通遮断、水損等による間接被害が生ずる。トータル被害の極限防止は消防活動の目標であり、間接被害の軽減にも常に配意した指揮を行う
（表1－6木造・防火造火災確認カード及び表1－7ビル火災確認カードを参照）。

## 第3　危機管理
### 1　消防活動上の危機

　消防活動の対象となる現場は、一般に災害発生と同時に非常事態に陥っている。このことは罹災者にとっては、直接生命あるいは財産に対する危機の状態である。

　しかし、消防隊員にとって災害現場に臨み、これを処理することは本来業務である。対処要領も、一定の方法又は基準に従って行われている。したがって、火災等の災害事象そのものは、消防隊にとっての危機ではない。

　消防活動等に派生する危機は、通常の災害対応の過程や、その結果によって想定されていない事象が発生した場合である。この危機は、隊員の生命に対する危険や関係者及び地域住民との信頼関係を著しく損なうこととなる。

　消防活動上の危機を大別すると、次の三つに区分することができる。

図1-2

---

**1　突発的な状況変化等によって生ずる隊員の重大事故**
　⑴　活動隊員の死傷事故
　⑵　爆発事故や急激な状況変化等による隊員把握、現場管理の途絶

**2　状況判断の誤り又は不適切な活動に起因するもの**
　⑴　鎮火の誤認等事実を誤った判断による著しい損害の拡大
　⑵　過剰破壊、放水又は不合理な消防活動等による著しい損害の拡大
　⑶　消防活動中の隊員による加害事故

**3　消防活動の経過又は結果に対する社会的批判**
　⑴　報道対応の不手際等による消防活動に対する誤った批判
　⑵　消防活動に対する住民等の感情的わだかまり及び批判
　⑶　死傷者の発生や火災の拡大等に対する関係者等の消防活動に対する批判

---

## 2　危機事象への対応

　　消防活動は、被災者にとっての非常事態に対するもので、緊急的な対応が求められている。消防活動は即時行政であり、一般的な事務と異なり即断、即決等、迅速な対応でなければならない。熟慮や試行錯誤は許されない状況である。活動上の過誤等に気付いたならば、その場で対処する姿勢と情報管理が大切である。

　　指揮本部長は、危機事象に発展するおそれのある消防活動や危機事象として対処しなければならない活動について具体的に事象を把握する。

(1)　突発的事故等の事象

　　ア　活動隊員の負傷や脱出状況を把握する。

　　イ　再発事故発生の危険要因の有無を確認する。

　　ウ　事故発生原因を把握する。

　　エ　発生時の状況を確認している指揮者及び隊員から報告させる。

(2)　消防活動の適切を欠く事象及び社会的批判

　　ア　消防活動に起因する問題が生じた場合若しくはおそれのある事象にかかわったならば、速やかに報告させる。

　　イ　関係する指揮者等から発生時等における実態を報告させ、現場を確認する。

　　ウ　関係者から被害発生時の状況や被害の状況等についての苦情を聴取する。

　　エ　前各号の内容を総合的に把握し、署隊本部へ速やかに報告する。

　　オ　情報を収集した時間や対応者、内容等の経過を整理、記録する。

　　カ　対外的対応者を定め、窓口の一本化を図る。

表1-6

## 木造・防火造火災確認カード

| 項目 | 内 容 | 確　　認 | 措　　置 |
|---|---|---|---|
| 実態把握 | 建 物 状 況 | 出火、周囲建物の階層、用途、構造（出入口、屋内外階段、開口部、屋根、外壁）、収容物 | 中小隊長、指揮隊からの報告 関係者からの状況聴取 |
| | 人 命 危 険 | 出火時在宅（室）者、避難者、逃げ遅れ人数、場所、情報源 | 関係者からの状況聴取、中小隊長、指揮隊からの報告、警防本部への報告、各隊への周知、警戒区域設定等 |
| | 作 業 危 険 | 電気、ガス、危険物（種別、数量、位置） | 関係者からの状況聴取、警防本部へ報告 各隊への周知 |
| | 延焼拡大危険 | 延焼範囲、延焼危険方向、飛火 | 中小隊長、指揮隊からの報告 各隊への周知 |
| 人命確保 | 検　　索 | 窓際、室の隅、押入れ、風呂場、便所、廊下の行き止まり部分 | 検索隊指定、特別救助隊の活用 |
| 消火活動 | 消　　火 | 筒先配備状況（筒先の過不足）隣棟ビル | 筒先進入指示、筒先統制（水損防止）隣棟ビルへの警戒筒先配備 |
| | 安 全 確 保 | 落下物（瓦、ガラス、梁、化粧モルタル）転落（床抜け、ストレート屋根、高所作業）倒壊（モルタル壁、林場、鉄骨造建物） | 警戒区域設定 各隊への周知 |
| | 残 火 処 理 | 再燃防止 | 最終確認隊の指定 各隊への周知 |
| 応援要請 | 部　　隊 | 第二、第三出場、特命出場（救急、充水、救助、照明、飛火警戒、指揮隊、補給、排煙、後方支援）集結場所 | |
| | 資 器 材 等 | 資器材名・数量（ボンベ、破壊器具、照明、排煙）、測定器具（酸欠、危険性ガス、ＲＩ）、泡剤、燃料、補給、集結場所 | |
| 現場報告 | 一 般 事 項 | 指揮本部設置、無線運用隊指定、指揮本部長、救助、防ぎょ活動状況、延焼防止見込み、延焼防止、鎮圧、鎮火 | |
| | 特 異 事 項 | 事故発生、緊急事態、二次災害発生、飛火火災 | |
| 現場広報 | 被 害 状 況 | 場所、名称、業態、責任者（氏名、年齢、職業）、程度、り災世帯人員、避難、死傷者状況（場所、方法、氏名、年齢、職業、程度）各室居住者、発見、通報、初期消火、原因 | 発表要旨を警防本部へ報告 |
| | 活 動 状 況 | 経過時間、出場台数、消防活動概要 | |
| 密集地火災 | | 筒先包囲、飛火、隣棟活用 | |
| 大規模建物火災 | | 大口径ノズル使用、延焼阻止線（防火壁、階段、建物屈曲部）の設定、飛火の発生、防火水槽への早期充水 | |
| 防火造建物火災 | | モルタル壁内の潜在火源確認（小破壊）、モルタル壁の倒壊 | |
| 強風時火災 | | 風横側進入、大口径ノズルの使用、風下付近の予備注水、飛火警戒 | |
| 鎮火後の対応 | | 説示書の交付、監視警戒隊の指定 | |

＊下線箇所は重要事項

表1-7

## ビル火災確認カード

| 項目 | 内容 | 確認 | 措置 |
|---|---|---|---|
| 実態把握 | 建物内部 | 防災センター、構造、階層、用途、収容物、防火区画、エレベーター、エスカレーター、ダムウェーダー、階段（屋内外、特避）、非常用進入口（代替進入口）、ダクトスペース、パイプシャフト、機室、防火戸、シャッター | 中小隊長、指揮隊からの報告<br>関係者からの状況聴取<br>資料確保 |
| | 自衛消防隊 | 逃げ遅れの状況、延焼範囲、活動状況、消防用設備等の作動状況、防火戸・シャッターの開閉状況 | |
| | 火災危険 | 出火階、火点位置、延焼階層、燃焼物、煙状況 | |
| | 作業危険 | 危険物、爆発物、電気、変電室、ガス、ボイラー、溶解炉、特殊構造、不活性ガス消火設備等作動状況 | 警防本部へ報告、各隊への周知<br>警戒区域設定、進入規制 |
| 人命危険 | 避難 | 避難人数、避難先 | 避難時の状況聴取、逃げ遅れの状況聴取<br>誘導隊指定、避難場所の指定 |
| | 逃げ遅れ | 逃げ遅れ人数、場所、情報源 | 警防本部への報告、各隊への周知 |
| | 検索箇所 | 窓際、行き止まり通路、エレベーター、階段室、出入口、便所、部屋の隅、屋上 | 検索範囲指定（階層、室、区域）、注水援護、煙制御（ドア、シャッター開閉）、呼吸器具管理、単独行動禁止、退路確保、進入隊員統制、特別救助隊の活用 |
| | 救助 | 進入手段（屋内外階段、特避階段、屋上、特殊車両、非常用エレベーター、隣棟）<br>被救助者（人数、氏名、年齢、程度、収容先、収容隊） | 特殊車活用、救助隊の指定、注水援護隊指定、破壊箇所、救護所設置、飛び降り防止 |
| 消火活動 | 延焼危険箇所 | 縦方向（避難口、エスカレーター口、ダクト、パイプシャフト、押入れ、風呂場、便所）、横方向（天井裏、防火戸・シャッター）、隣棟（窓、排気口） | 確認隊の指定、警戒筒先配備<br>防火シャッターの閉鎖、防火ダンパー閉鎖 |
| | 消火 | 火点位置、延焼範囲、延焼方向 | 進入隊の指定、延焼防止線設定、筒先配備、放水銃、放水砲、てい上放水、(放水塔車)高発砲、フォグガン、吸排気口確保（ドア、窓、シャッター開放） |
| | 安全確保 | 不活性ガス（二酸化炭素等）放出、ガラス落下、吹き返し、進入状況 | 各隊への周知、警戒区域設定、進入禁止、退避 |
| 設備活用 | 消火 | 屋内消火栓、スプリンクラー、水噴霧、泡、不活性ガス、ハロゲン化物、二酸化炭素 | 設備の使用状況、設備使用隊の指定 |
| | 避難 | 避難階段、特別避難階段、避難橋、避難はしご、避難タラップ | |
| | 消防隊使用設備 | 防災センター、連結送水管、連結送水管放水口、連結散水設備、非常コンセント設備、無線通信補助設備、非常電話又は連絡用インターホン、放送設備、非常用エレベーター、非常用進入口（代替進入口）、防火戸、シャッター | |
| 排煙 | 吸排気設備 | 吸排気設備運転状況 | 排煙設備の作動 |
| | 自然排気 | 煙の流動方向、範囲 | 吸排気口設定、破壊隊指定<br>警戒筒先配備、独断破壊の禁止 |
| 水損防止 | 場所 | 火点下階、地階、階段、機械室、コンピュータールーム、注水統制 | 防水シート、残水処理機等、筒先統制、排水、担当隊の指定 |
| 応援要請 | 部隊 | 第二、第三出場、特命出場（はしご、救助、照明、排煙、救急、補給、充水、飛火、指揮隊）、集結場所 | |
| | 資器材等 | 資器材名・数量（ボンベ、破壊器具、照明、排煙、防水シート）、測定器具（酸欠空気）、泡剤、燃料 | |
| 現場報告 | 一般事項 | 指揮本部設置、無線運用区域指定、指揮本部長、救助、防ぎょ活動状況、延焼防止見込み、延焼防止、鎮圧、鎮火 | |
| | 特異事項 | 事故発生、緊急事態、二次災害発生 | |
| 現場広報 | 被害状況 | 場所、名称、業態、責任者（氏名、年齢、職業）、程度、り災世帯、人員、避難、死傷者状況、各階居住者、発見通報、初期消火、原因、用途名称、設備作動状況 | 発表要旨、警防本部へ報告 |
| | 活動状況 | 経過時間、出場台数、消防活動概要 | |

＊下線箇所は重要事項

## 第 4　消防活動時における周囲住民への対応要領

### 1　趣　旨

火災に関係する広聴事案を調査したところ、直接出火した住民からの意見、苦情は少なく、火災の周辺にいた住民から寄せられたものが多くなっている。都市型火災においては、一つの災害の影響が多数の住民に波及する状況がうかがえる。

一般的に消防活動（火災）は、火災の拡大を防止することに全部隊が集中するあまり、周囲住民への配慮に欠ける場合があった。また、意見・苦情に対しても適切に対応する意識が欠如することも散見される。

今後は、災害の周囲の住民に対して、物理的及び心理的にもその影響に配慮し、住民の意見・苦情に対しても誠意を持って対応する消防活動を実現する。

### 2　基本的な考え方

(1)　社会生活の変化に適応した消防活動を実現すること。

高齢社会の進展、在宅介護の普及及び共働き世帯の増加などにより、災害時要援護者の範囲が拡大し、災害現場の周辺で避難誘導や支援を必要とする住民が増えていることを認識する。

(2)　意見・苦情事案を未然に防止する消防活動に配慮すること。

これまでの経験を踏まえ、意見・苦情につながる可能性のある事案は、事前に警戒し、意見・苦情を未然に防止する。

(3)　組織として法令・基準を遵守すること。

法令や基準を遵守した活動は、組織として最低限守らなければならない。これを軽視することは、組織ぐるみの違法行為として捉えられる可能性がある。

(4)　災害の周囲の住民を軽視せず、意見・苦情については、組織としての危機意識を持って対応すること。

一人の消防職員に寄せられた意見・苦情は、個人に対するものでなく組織に対してのものであることを認識する。また、意見・苦情は、組織をより発展させるための情報源であるという前向きの姿勢で対応する。

(5)　消防側の理屈だけではなく、住民の立場でも活動を考えること。

消防側の理屈や慣例が必ずしも住民のニーズにそぐわない場合もある。そのことを理解したうえで活動する。

(6)　誠実に説明責任を果たすこと。

事実の隠ぺいや虚偽はそのこと自体が問題であり、組織としての信頼を失墜する。事実に基づき相手の納得のいく説明を行う。

### 3　基本的な対応姿勢

(1)　意見・苦情を寄せる住民の多くが、火災の被害者という認識で対応する。

(2)　初期の対応は、迅速に行い相手に不信感を与えない。

(3)　感情的にならず、丁寧に誠意を持って対応する。

(4)　災害現場といえども命令的な口調は慎む。

(5)　住民の意見に真摯に耳を傾ける。

(6)　安易な約束や憶測での発言は控える。

(7)　ちょっとしたことでも上司に報告する。

## 4　具体的な対応マニュアル

(1)　意見・苦情事案の未然防止マニュアル

　　表1-8のとおり

(2)　意見・苦情事案発生時の対応マニュアル

　　表1-9のとおり

(3)　意見・苦情事案発生時の対応記録票

　　表1-10のとおり

　　なお、本対応記録票は、事案発生ごとに作成し、対応が適正に行われているか経過を確認するために使用する。

表1-8
## 意見・苦情事案の未然防止マニュアル

①意見・苦情を未然に防止するためのポイント

（周辺の住民が物理的・心理的に被害を被っていないか、被る可能性はないかを確認する。）

### 火災初期から延焼防止までのポイント

共通事項
- 初期消火をした近隣の住民などが受傷していないか？
- 周辺の住民が心理的に動揺していないか？
- 近隣建物や動産（車など）に被害はないか？
- 周囲の住民に対し適時適切な広報が行われているか？
- 警戒区域に立ち入っている住民はいないか？
- ホースや吸管等につまづいて転倒する危険はないか？

耐火建物
- 階下の水損は発生していないか？
- 同階及び上階の住民の避難状況は確実に確認されたか？（特に災害時要援護者等の避難状況）

木造・防火造
- ホース線による被害を発生させていないか？（例　隣家の植木を倒すなど）
- 飛び火への心配はないか？
- 隣接建物に災害時要援護者等はいないか？

### 火災の終息期（鎮圧以降）

- 時期に応じた適切な広報が行われたか？
  （例　火災の拡大危険がなくなったが、消防活動が継続されていることから周囲の住民がホースにつまづくことがないように広報する等）
- 消防活動に従事していない隊が交通を妨げていないか？
- 十分な説明の上で説示書が適正に交付されたか？
- 再燃火災の原因となりやすい布団などは、屋外の安全な場所に搬出されたか？
- 火災の被害があった住民に罹災証明の発行が可能であることを告知したか？
- 引き揚げ後の消防隊の警戒が適切に行われたか？

＊火災の経過に伴い、上記ポイントを確認する。指揮隊が確認できない場合は、隊を指定して任務分担して行う。

表1-9

## 意見・苦情事案発生時の対応マニュアル

①隊員が意見・苦情を確認

①中小隊長の判断で対応できる範囲の場合はその場で対応する。
②意見・苦情が寄せられたことを中小隊長から指揮隊に報告する。
③ちょっとしたことでも安易な判断で報告を省略しない。
④苦情・意見を簡潔に概要だけを聴取し、指揮隊に報告する。
⑤現場の責任者を差し向けることを伝達する。

現場での対応

②指揮隊が対応者を決定（原則、大隊長が対応する）

①すぐに対応できる場合は即対応する。
②報告を受けた場合は、すぐに相手と接触し、詳細に内容を聴取し、現場確認をする。
③相手の要求を特定する。
④記録すべきことは、メモ及び写真等で記録する。
⑤相手方に明らかな錯誤・誤認等がなければ、この時点では事実確認を中心に調査する。
⑥署として事実精査を行い、結果を早急に連絡することを伝える（できれば連絡期日を明確に）。
⑦署の対応者を具体的に伝え、窓口を一本化する。

③署幹部への報告（必要があれば方面本部、本庁関係課へ報告）

①方面本部、本庁関係課の意見を参考とする。
②事実を分析し、署としての対応を決定する。
③事実を勘案し、署の対応者を決定（一次対応者か上位職の者）する。

二次的な対応

④相手への説明

①事実確認の結果を伝達する。
②消防側として具体的な対応があれば提示する。
③消防活動として主張すべきことも相手に伝達する。
④相手が納得したのか？新たな疑問などが発生したか？を判断する。

＊解決しない場合は、③に戻り署の対応を再検討する。

表1-10

# 意見・苦情事案発生時の対応記録票

消防署

| 事 案 発 生<br>日時・場所 | 年　　月　　日　　時　　分頃<br>所在 |
|---|---|
| 関係したと思わ<br>れる災害の概要 | 1　災害種別<br>2　覚知<br>3　災害概要 |
| 相手の氏名 | |
| 相手の職業・<br>役職等 | |
| 連　絡　先 | 住所<br>電話番号　　　　　　　携帯電話番号<br>FAX　　　　　　　e-mail<br>（＊相手の意向に沿った連絡手段のみ聴取） |
| 連絡可能時間 | 平日・休日・　　　　時　　　　分頃<br>その他（　　　　　　　　　　　　　　　　）<br>（＊相手の都合の良い希望時間を聴取） |
| 相手の主張内容 | |
| 相手の具体的要望 | （＊消防側に何をしてほしいかを具体的に聴取） |
| 事　実　確　認 | （＊確認職員階級・氏名　　　　　　　　　）<br>（＊写真などがあれば添付） |
| 署の対応方針 | （＊署幹部、関係課と調整後決定した方針内容） |

対応経過

| 日　時 | 署対応者 | 内　容 | 今後の見通し・予定 |
|---|---|---|---|
| | | | |
| | | | |
| | | | |
| | | | |
| | | | |
| | | | |
| | | | |
| | | | |
| | | | |
| | | | |
| | | | |
| | | | |

事後検証（相手側が納得し、事実が終了した時点）

| 今回の対応の改善点 | |
|---|---|
| 今回の対応の推奨点 | |
| そ の 他 | |

# 第2章
## 専門知識と技術の伝承

# 第1節　大隊長の活動

## 第1　大隊長の心構えと技術等

### 1　全般的な心構えと基本姿勢等

(1)　常に最悪の事態を想定し、最善の策を早めに打っておくことが大切である。

(2)　一人のけが人も、1件の事故も出さない管理能力は、厳しい訓練のたまものである。

(3)　長時間を要する場合、作業に見合った指示を出すこと。

(4)　消防活動は極限の状態で、しかも常に危険と隣り合わせである。

(5)　災害現場の状況によっては、警察官等との協力による活動を行うこと。

(6)　災害現場での一般人、地形、地物を活用すること。

(7)　現場引揚時、火点一巡と一声運動の励行をする。

(8)　危険要因を排除することが安全管理の基本である。

(9)　現場での安全は与えられるものではなく、自分で作りだすものである。

(10)　災害現場は最低限のことは決まっているが、現場合わせのことが多い。

(11)　隊長は真実を直観的に見抜く勘を養わなくてはならない。

(12)　隊長は各人の力の範囲で任務を与えるべきである。

(13)　隊長は即断即行を心掛けなくてはならない。

(14)　隊長はどんな事態にあってもなすべきことを、なさねばならない。

(15)　事実をまず自覚することが安全確保の第一歩である。

(16)　器材を使っての安全点検には原理がある。何ができて、何ができないのか限界を知ることが大切である。

(17)　各署の「ヒヤリ、ハット集」を作ることにより、現場に合った安全策が出てくる。

(18)　消防活動訓練は、始めがあって、終わりがない。

(19)　機械には安全装置が付けられるが、隊員には付けられない。付けられるのは安全に対する「意識」である。

(20)　自分の担当する器材等の性能諸元、限界範囲を良く熟知すること。それらを知らなければ使えない。

(21)　技量を過信することなく、謙虚に自信を持って行動する。安全のための措置に省略は厳禁する。

(22)　同種事故、関連事故防止のための事例をかけがえのない教材として活用せよ。

(23)　防火衣、手袋、長靴等はすべてに万能ではない。適正な使用で安全度が増す。

(24)　安全・技術を向上させるには、同僚同士があるときには先生（指導者）であり、生徒（隊

員）であれ。

⑵5　器具等の取扱書をもう一度自分の目で確認すること。時に言い伝えの取扱いになっていることがある。

⑵6　活動技能を向上するための訓練に近道はない。

⑵7　火事場（救助現場）というところは、やり直しがきかないことを知れ。

⑵8　確実に安全に活動をする。結局それが一番早い。

⑵9　隊長として誰が、どれだけの体力を持ち、忍耐強いかをチェックしておけ。

⑶0　「訓練は実戦のように、実戦は訓練のように。訓練で泣いて、実戦で笑う。」

⑶1　大隊（消防部隊）の持つ力を把握する。消防力によって戦術が変わる。

⑶2　判断、要請は早めに。そして修正、引き揚げも早めに。

⑶3　経験は知識を生み、知識は教養を生み、教養は実力を生む。

⑶4　戦術の基本は、平常時に自ら率先して管内把握、消防力、出場隊、計画等を知ることから始まる。

⑶5　判断がつかなかったら悪い（危険側）方を考えろ、消防力によって戦術が違う。

⑶6　消防戦術は、災害規模と消防力で判断する。手持ち隊をどう使うか、さばくかである。

⑶7　聞いて「わかる」ことと、「できる」ことは違う。しかし一度トレーニングすると違う。

⑶8　実態を正しく見つめること、他人任せでなく、自分の目で確かめよ。

⑶9　火点一巡ばかりにとらわれるな、変化を予測せよ。

⑷0　状況や情報を正確に読み取る力をつけること。

⑷1　隊員と同じ目線で物事を見るな、一般の人が見ていない側から物を見よ。

⑷2　管内の特性を考えながら災害予測をするのが、大隊長である。

⑷3　常に問題意識をもって勤務をすべきだ。

⑷4　消防は通報を受信したときから責任が課せられる。火災は時間との戦いである。

⑷5　３点守れ→①殉職者を出さない、②再燃火災防止、③消防署直近火災対応

⑷6　逃げ遅れ情報の無しは人がいると考える。

⑷7　火元建物は人ありで対応すべし、また延焼建物は後着隊に任すべし。

⑷8　大隊長は現着したら、どんと構え、落ち着いた態度で、関係者には具体的に問い掛けよ。

⑷9　気になる現場は確認すべし、戻るべし。

⑸0　車両の位置が指揮本部ではない。空地、スペースのあるところを設定せよ。

⑸1　通信担当は火災現場を必ず１回は自分の目で確認せよ。

⑸2　当たり前のことを、当たり前にできるようにすること。

⑸3　人を育てること、教育が重要である。人を育てることが力になる。

⑸4　現場は戦いの場と考えるべし。

⑸5　大隊長は行政マンであること。

⑸6　大隊長の判断、三大要素は①人命危険、②作業危険、③延焼危険である。

⑸7　消防警戒区域設定は口頭だけでは駄目である。ロープ等で明示、設定しなければならない。

⑸8　職員にけがをさせては大隊長として失格である。

⑸9　大隊長として危機管理意識を持つこと。

⑽　責任はとるものでなく、果たすものと徹底せよ。

⑼　常に住民の視点に立って、判断、指示をすること。

⑿　常に隊員には、原理・原則に合った行動をさせること。

⒀　大隊長は管内の特殊事情を頭に入れておくこと。

⒁　活動中、自分に絶えず言い聞かせておくこと。

　　「指揮者は冷静であれ、うろたえるな、情報連絡を密にして状況を把握すること、課題や問題点を分析判断し、タイミングを失せず決断すべし。」

⒂　「やってみせ、言って聞かせて、させてみて、褒めてやらねば、人は動じ」を知れ。

⒃　言うべきことは言え。「よいことは良い、悪いことは悪い」と。

⒄　消防活動を円滑にするために「必要なときに、必要なことを、必要なだけ、しかも、必要な方法で言う」こと。

⒅　放水開始までは迅速に、放水後は確実に行う。

⒆　安全は注意と努力の積み重ね。

⒇　事故を起こしてまでも、急いでやる仕事はない。

㉑　機械、器具に責任はない、取り扱う本人に責任はある。

㉒　消防は一人では何もできない、チームになって初めて大きな仕事ができると知れ。

㉓　消防は人を助ける仕事を使命とする。それゆえに一般人以上の体力、勇気、決断のある人になれ。


## 2　消防活動上の教訓

⑴　管内警防事象に精通せよ

　　特に署所受持ち区域の道路事情（昼・夜間の動態）、街区状況、水利及び居住環境等を把握する。〜警防的センスの源泉である。〜

⑵　中隊の到着順位を判断

　ア　最先着隊及び2・3着隊はどの隊なのか。

　イ　到着順位によって、集結部隊への活動戦術は異なる。

⑶　筒先配備は、延焼建物の包囲体形が原則

⑷　先着隊の活動を積極的に補完せよ

　ア　任務や下命を待っているような待機態勢の部隊は、戦力としてゼロの部隊である。

　　　よく、「下命がないので、待機していた。」と言い訳している隊長がいる。積極的に指揮下に入ること。

　イ　下命待ちの姿勢ではなく、自ら部隊として行動を起こせ！

　ウ　大隊長や救助指定中隊長は、現場で待機している隊を一隊ごと確認している暇はない。

　エ　各出場部隊の隊長は、現場到着時初期のうちに、まず大隊長等と積極的に接触せよ。

⑸　消防力劣勢時の判断要素

　ア　第一出場部隊（ポンプ車6隊の場合）

　イ　最先着隊　2口（2隊）

　ウ　他隊　1隊　2口×4＝8口　計10口（延焼火災は、15㎡から20㎡で1口）

　　　※　10口で延焼阻止できない状況の場合、即第二出場等の応援要請を考慮せよ。

⑹　消防活動は時間との闘い

　　現場到着15分以内が、以後の活動の全てを決定すると言っても過言ではない。

　　現場引き揚げ後、自己の行動をチェックしてみることも非常によい（行動を記録しておく。）。

⑺　敵を知る前に我が小隊の戦力を分析しておく。

　　「敵を知り、己を知れば百戦して危からず、敵も知らず、己も知らず百戦して、百敗」いつも沈着冷静であること。

⑻　我々は常に災害と正対するプロの集団である。

　　ア　危機管理の専門官でもある。

　　イ　消防は常時、臨戦体制の組織である（24時間、出船の態勢で身構えている。）。

⑼　応援要請

　　ア　最先到着隊長の応援要請判断はおおむね５分以内で！

　　イ　早きに過ぎるとも、遅きに失しない。

⑽　状況判断の要素

　　発災時間帯、街区、用途、業態、構造、気象状況等への着意を念頭におく。

　　「今日は空気が乾燥し、風が強いぞ！「何を」なすべきか考えよう。」

⑾　直近火災で失敗しない。

　　ア　署所半径300〜500m以内は我が家と同じ（案外失敗事例が多い）。

　　イ　署所直近で失敗すると行政的に致命的なマイナスとなる。

⑿　後着隊となる場合

　　いかに早く先着隊をカバーできるかにかかっている。また、最先到着隊となった場合は救助指定中隊として、自己隊がその任に充たる。

　　　※　出場時、我が隊は、２・３着隊だと決めつけて出場しない。いつも最先到着隊と同じ気構えを持つことが大切。

⒀　指揮者は、災害活動では、強固な信念のもと、専制的、独裁的リーダーシップを発揮することが隊員の安全を守ることに帰結することを忘れない。

⒁　一点集中でなく、視野を広く複合的に物事を見る。

⒂　現場統括のできる指揮者が真のプロの指揮者の本質である。

⒃　事前対策の確認

　　ア　直近火災

　　イ　道路狭隘（一方偏集区域等）

　　ウ　崖地対策など

⒄　非常用車両は、いつでも使用可能にしておく。

　　ア　可搬ポンプも同じである。

　　　※　災害出場後の直近火災に備えよ。

　　イ　職員であれば誰でも災害出場態勢にあることを忘れない。

　　ウ　署在勤者による対応を考えておく。

⒅ 精強な部隊づくり

ア 管内情勢に強い（地域の特性をよく熟知している。）。

イ 沈着冷静な対応

ウ 災害現場で、慌てた動きをしない。

⒆ 過去の災害事例の教訓に学ぶ。

災害事例は宝の山。自分の頭の中に、災害対応カードをいくつ持っているかが、指揮者の力量となる源泉である。

ア 当庁には、過去の災害事例がたくさんある。

イ 指揮者は、現場でメモを見ながら下命する余裕はない。

ウ 「即断即決主義」

⒇ 各隊長及び指揮隊員の性格、そして部隊・指揮隊員の能力を事前に良く掌握して下命をすることが重要である。

心構えとしては、①油断大敵 ②用意周到 ③沈着機敏 ④臨機応変である。

(21) いつでも、どこでも、誰にでも、自信と誇りを持って、消防活動の正当性を説諭することができる警防の力量を身につけることが大切である。

(22) 消防職員は一人ひとりが、部隊の構成員である。精強な部隊の組織、戦力の一員は自分自身である。

(23) 評価の主となるもの

ア 切 迫 性（緊急性）

イ 困 難 性

ウ 技 術 性

エ 社会的評価

(24) 火災現場から勉強しろ

ア 延焼火災等の現場を必ず見て、自分ならどうやるか検討しておく。

イ 鎮火後の現場は、延焼経路の勉強（筒先配備）に最適である。

(25) 訓練は部下のためではない、自分のためである。

ア 訓練でできないことは、現場でも絶対にできない（消防活動に一発勝負はない。）。

種々の現場を想定し訓練をしておくことが、自分を助ける（やってみさせて自信をつけさせよ。）。

イ 出張所中隊には、本署隊に積載してある資器材の取り扱い訓練をさせろ（救助活動で、本署隊が出場しない区域は、指揮隊が救助資器材を積載して行くこともある。）。

ウ 部下が間違ったやり方をしていたら必ずやり直しをさせよ。

エ 雨天でも安易に訓練を中止するな！（車庫や事務室でも器具の取扱いはできる。）

(26) 船（車両）は出船（出場）につけよ

車両出向時は、必ず出場に支障の無いように駐車させよ（災害の発生に予告はない。）

(27) 状況判断は、腹八分目でよしとする。

ア 最先到着時の判断は、100点満点を取ろうとするな。

満点を取ろうとすると判断が遅くなる。初期の判断は、拙速を尊べ。

　　イ　部下の意見は聞いてもよいが、最終判断は自分でせよ。

　　ウ　非常事態発生時こそ指揮者が必要である。

　　エ　緊急事態においては、指揮者が黙っているのが一番悪い。

　　オ　黙っていると、人は勝手に動きだし収拾がつかなくなる。

⒅　指揮者の資質は選択肢と機転で決まる。

　　　日頃の訓練で自分の選択肢を増やす努力をせよ。選択肢が増えれば、自信がつき判断も早くなる。

⒆　延焼経路

　　ア　小屋裏への筒先を忘れるな（小屋裏は、延焼経路の最重点である。別階層と思え。）。

　　イ　平屋は2階建て、2階は3階建てと思って、早く天井を破壊して筒先を入れよ。

　　ウ　壁に火が入っている場合は、すぐに2階の天井をとび口で破壊して放水せよ。

⒇　現場待機中に隊員が下車して、火災現場を見学に行ってしまうと、二次災害で転戦命令をかけても対応できない。

㉛　ぼや火災では、すぐに防水シートを展張せよ

　　ア　早期に防水シートを展張しないと、土足で屋内に入り、火災の損害よりも汚損の損害の方が大きくなるおそれがある。

　　イ　早期に転戦可能隊を把握し、部隊の縮小と通行止めの解除を考慮せよ。

㉜　災害現場での問題意識

　　ア　現場引き揚げ前には、必ず自分で火災現場を一巡して異常の有無を確認せよ。

　　イ　鎮火後の警戒隊は、深夜であっても必ず出向させよ（自分にも部下にも甘えるな、省略すると自分の首を締める。）。

　　ウ　一般人による人命救助、初期消火等については、帰署後、速やかに関係部署に情報を入れよ。消防活動中の異常（事故、機器損傷、一般人とのトラブル）等も同様である。

㉝　活動隊全員「ケガをさせないこと」を最優先に指揮せよ。

㉞　自分の力量を知り、研鑽する。

　　ア　自身の部隊統率力を平素から磨くこと。

　　　　活動に従事した現場を確認し、以後の活動に活用する。必ず教訓はある。

　　　　災害は、同内容は絶対にないことを念頭に、自分で努力して研鑽する。

　　イ　各隊員と隊ごとの能力・体力等を事前に把握しておくこと。

　　　　特に現場での困難な特命事項の下命はできない。

　　　　平素からできる限り、訓練に参加して部隊把握すること。

　　ウ　部隊集結状況を事前に把握しておくこと。

㉟　現場で重要なことについて

　　①　常に冷静沈着、落ち着いていること。

　　②　現場で何が起こっても動じないこと。

　　③　躊躇なく決断する能力がある。

　　④　広い視野で全体の動きを把握する能力がある。

㊱　安全管理については、過去の事例に基づき日頃から隊員の指導をする。

　　特に現場で一人が進入するとつられてしまうことが多い。危険かどうかの判断を日常の訓練を通じて培う。

(37)　活動状況の把握は、20隊以上の部隊が活動した時は、伝令などに専門的に把握させる。

　　全出場隊の把握よりも災害実態に応じた必要な隊をしっかりと把握させる。例えば、特別養護施設等は救急隊の数など。

(38)　現場で迷うときも多いが、毅然とした態度で決断する。部隊の全責任は大隊長にある。

　　功労は各隊、反省は大隊長の責任である。

　　災害現場は、その時の状況から判断したものなので、自信を持って対処する。ただし、常に反省は怠らない。

(39)　災害事例や事故事例は、常に研究し自分が経験した場合と同様に体に覚えさせる。

(40)　火災現場では、火炎は生き物であり、ばかにすると手痛いしっぺ返しが返ってくる。

　　限りなく優位に立つように活動すること。また、中継体形をする場合はタンク水を活用し、クイックアタックで早期に放水、進入する。放水が途切れないようにする。第2線を延長する場合は、中継が完了し、水量に余裕ができてから実施する。

(41)　火災現場では、ホース線が次々に延長されることから、早め早めの下命を出すこと。下命してもすぐには結果が得られないことを認識しておくこと。

(42)　先着の中小隊長は必ず、大隊長、又は指揮担当と接触し状況を報告すること。

(43)　出場途上の交通事故等は、住民の負託にこたえられず信頼度ゼロ、消防活動業務は消滅する。

## 3　指揮技能の向上方法

　　災害活動は、経験を積み重ね、これを土台に自身の指揮技術を構築するものである。

　　指揮できなければ、職務を遂行できないことから、技能の向上のために工夫することが大切である。

(1)　大隊長は、約50～70名の隊員を指揮する指揮者である自覚をもつこと。

(2)　各隊の訓練状況を確認し、必ず激励するなど声をかけてやれ（一体感が生まれる。）。

(3)　現場の確認を励行し、検討会を実施する（必ず教訓がある。）。

(4)　訓練は、形式的かつマンネリ化しない工夫を入れながら実施させる（一番良い訓練は、前日の災害事例をベースに実施する。）。

(5)　指揮隊の訓練は、時間・場所等に関係なく実施できることを念頭におくこと。

(6)　大隊長は、平素から出張所も巡視し、隊員の近況や体調等を把握しておくこと。

(7)　応援指揮隊と情報指揮隊とは、年2回位は意見交換をするなど交流を深める。

(8)　災害に対する知識と経験をいかに豊富にもっているかが重要であり、災害現場の指揮活動に影響するものと考える。災害現場は様々な様相があるが、豊富な知識と経験があれば特異な災害でない限り自信を持って対応ができる。

　　知識・経験の豊富な者とそうでない者の現場指揮活動が歴然として現れる。したがって、警防調査を含めた不断の自己研鑽が必要不可欠である。

　　※　計画・対策を熟知するとともに、非番・週休を活用して他署の災害現場等（教材が

たくさんある。）に足を運び見聞を広める。

　　※　電車の中や歩きながら街並みを見て、建物構成状況等の把握に努める。

　　※　指揮隊で出向した際、高層建物、特殊な消防対象物等の視察等を行い管内把握に努める。

⑼　反復訓練の励行

　ア　自己隊の警防力量をアップするのは、日々の訓練の中にある。

　イ　訓練によって確認していないことは本番でできるわけなし。

　ウ　災害活動は甘くない。常に危険側、最悪事態を予測して活動せよ！

⑽　イメージトレーニングの励行

　　消防活動は、実戦経験を積んでいると、状況把握、判断、決断等の一連の行動が反射的にできるようになる。大隊長として、大交替や仮眠に入る前などに、火災等を想定して、途上命令、活動方針、応援要請等の活動手順をシミュレーションする。

　　イメージトレーニングを実施することにより、いざ活動という事態への対応が反射的にできるようになる。

⑾　警防資料を活用して、教養時間には必ず過去の事例をもとに、活動要領等を直接隊員に指名して聞く。それによりお互いの考えが理解できる。

⑿　自分自身が災害事例と同じような災害に遭遇したらどう対応するかの意識をもつことが重要である。テロ災害を模倣した白い粉が送られる事件があった時も、うちの署には関係無いとの意識を署員の多くが持っていた。事前連絡をすることなく、指揮隊で拡声して突然の訓練を実施し、対応を確認した。それにより何をなすべきかが実感として、理解できる。

⒀　指揮能力の低下があるとすれば、その原因は、現場の経験不足（火災の減少等）が第一に挙げられる。それを補うためには、小規模な災害でも、なるべく多くの災害に出場して現場慣れすることである。「習うより慣れろ」が大切である。

⒁　大隊長には、結果のいかんにかかわらず瞬時の判断が求められる。結果を「良」とするためには、日ごろから、自分の意図するところや具体的な指揮活動要領等について各指揮者及び指揮隊員に理解させておくことが必要である。

⒂　最近の火災は、火炎や煙が外に発生されずに内部の延焼状況が把握し難い傾向にある。

　　建物の構造等を知るための方策として、防火対象物の届出や建築確認申請時の建物図面を見ることも一つの方法である。

⒃　各隊長の状況判断に基づく、下命により活動できる部隊を育成しておく。

　　指揮者が活動方針を変更した場合は全員がそれに対応できるよう、日ごろから良好なコミュニケーションを図っておく。

⒄　部下が情報収集した内容、活動判断が正しいことがある。聞き流すことなく積極的に指揮判断に取り入れる。

⒅　部隊、隊長に活動を下命する場合は、無線だけに頼らず直接にその者へ具体的に活動内容等を下命する。

⒆　同じような災害でも種々の活動方法がある。最善策及び次善策を講じておき、活動方法をいつでも変更できるよう対策を講じておく。

⑳　現場活動は、経験の積み重ねである。経験の少ない者は活動マニュアル、災害事例を繰り返し研究すること。必ず活動に生かされる。

㉑　自分が出場し、対応に苦慮した活動には、生きた教訓が一杯ある。目を背けることなく次回からの活動に生かす。

㉒　管内で火災やその他の災害があった場合は、各隊の活動概要や活動図等を確認する。不明な点があったらば必ず現場を確認する。

㉓　自己所属に配置になっている資器材は、訓練を通じて諸元、性能を確認しておく。また、特殊車隊の特殊資器材は概要を確認しておく。

㉔　特異な災害等で専門的な知識や活動が必要で対応が困難な場合は、躊躇なく専門の知識を持つ者、専門部隊を要請し意見を聞く。

## 4　訓練・資料等の工夫

(1)　活動要領のパターン化

ア　優先項目、速報順位などを事前に指導しておく（一つのパターンを作る。）。

イ　災害活動の反省点は、あえてオープンにして教材として活用することで、次の活動に反映できる。

(2)　安全管理のために使用されている訓練用人形は、人形であるために扱いが雑である。訓練用人形の配置が無いころは、隊員が相互に要救助者役を実施した。人の重さ、体型を体でじかに感じ、相手にけがをさせることのないよう真剣であった。そのような訓練が信頼感を生み、現場での活動の安全管理につながるものである。

(3)　救助指定区域内の特殊消防対象物警防計画をはがき大のカードに重要事項のみを記載、通信室に掲示しておき、指令番地が該当した場合、カードを取りだし出場する。

(4)　出場途上、出場部隊及び地域特性、気象等を大隊長以下全員が確認して現場に出場する。

(5)　災害時における現場管理で留意することは、抽象的な指示命令を出しても、隊員が動かないということである。自分の考えや方針については、常日ごろから部下職員に伝えておくことが重要である。

　　例えば、何か一言、指示しただけでも部下の反応は「うちの大隊長は、こういうことを言っているのだな、それならば、このように行動しよう。」ということになる（特に伝令との意思の疎通は重要である。）。

　　大隊を構成する大隊長から隊員まで十分な意思疎通が図られていれば、円滑な現場活動ができる。

(6)　災害現場の指揮板へ表示する記号やマークなどを事前に作成し、照明器具を含めた資器材一式を車両に積載して活用を図る。

(7)　現場用手帳に簡易な木造・防火造用の街区構成図、耐火造建物構成図を作成しておき、現場での状況確認時に活用する。

(8)　システム入力した資料の活用や指揮隊用に住宅地図を準備して、署で樹立計画された特殊消防対象物警防計画、崖地、活動困難区域などの警防計画情報を索引番号や記号、色別等を地図に付して利便性を図り、出場途上や災害現場で活用する（写真2−1参照）。

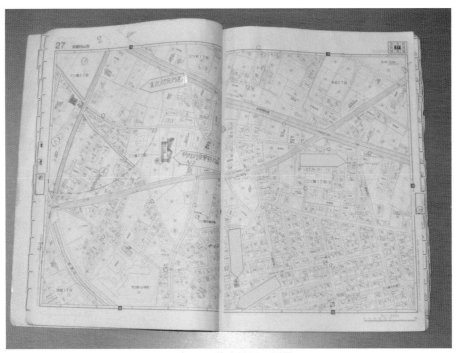

写真2-1　住宅地図の活用

(9)　ボイスレコーダー等を防火衣のポケットに収めて出場することで、出場途上の指示、現場
での各隊への下命、指示内容等が録音されて、活動の反省材料とすることができ、次回の
活動に反映できる。

(10)　指揮資料等の活用例
写真２－２から写真２－５の資料等を携行し、指揮要点の確認などに活用する。

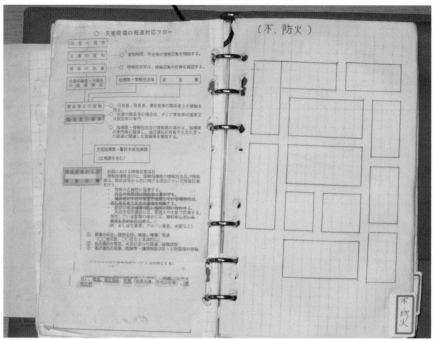

写真2-2　報道対応フローと防火造等街区構成確認図

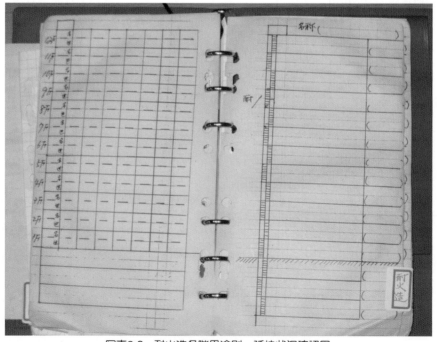

写真2-3　耐火造各階用途別・延焼状況確認図

## 危険性の表示

個品用・コンテナ用

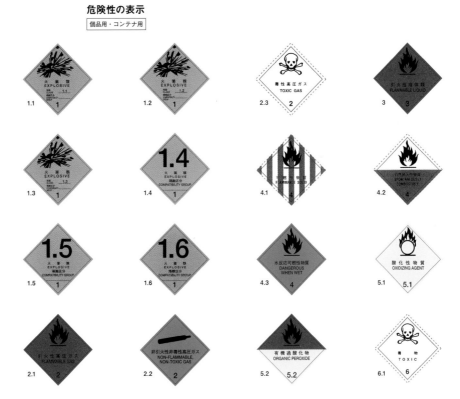

写真2-4　危険物貨物に係る国際標識一覧（一部）

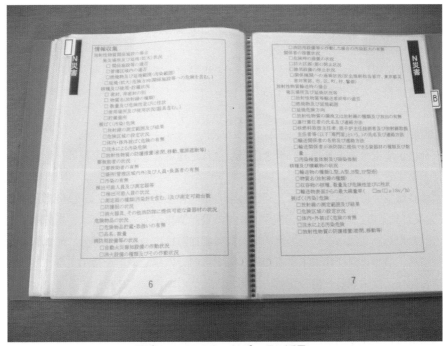

写真2-5　NBCハンドブックの活用

## 第2　出場途上の車内での判断、指示等

### 1　全般的な注意事項

(1)　現着するまでは、まず「安全運転の励行」を徹底させる。

(2)　計画どおりの出場部隊か、応援要請の時機、判断などを考える。

　　　例として、A署の本署から指揮隊が出場し、B地区へ到着するまでに20分を要した。先着中隊長の現場報告、応援要請は以後の部隊指揮に多大な影響があることから、「応援の必要があれば、即第二をかけろ。」ということを事前に指示していた。

(3)　隊員の安全管理に対する指示、命令は明確に分かりやすく。

　　　各中小隊長に任せきりでなく自らも気がついたら、すぐ指示を出す。各隊長に任せたままではいけない。

(4)　出場指令と同時に発災地の地域特性をイメージするが、出場途上の車内では、その再確認と指揮隊員全員の共通認識を確保するため、地図情報や指令書等で街区状況や部隊の集結状況を把握する。

(5)　指令内容、無線情報等により、応援要請、安全管理、進入方向等を予測して心構えをさせる。

(6)　延焼中の情報が入った場合は、特に交通事故防止に配慮して走行するように指示する。

(7)　現場到着する間に途上命令や先着隊の情報、署隊本部からの情報等が無線を通じて拡声されている。

　　　無線が輻輳することがあるため、情報内容が聞き取れない場合があることから、指揮隊車内での指示、確認すべきことは確実に実施する必要がある。

(8)　大隊長は、火災出場時の部隊運用状況を把握しておき、救助指定中隊の遅延や分断、出場不能隊、部隊配備などの総括的な部隊運用のシミュレーションをする。

(9)　指揮隊は、管内の警防調査と視察を繰り返し実施して管内情勢と実態把握に努め、災害発生時に対応ができるよう準備する。

(10)　各種警防情報、災害時要援護者一覧などを出場途上で確認させる。携帯無線で署隊本部からの建物情報や人的情報を受信する。

### 2　指揮隊員等への指示

(1)　伝令は出場指令書を無線台に置き、指令された建物に○印などを付け、救助指定中隊等をチェックする。

(2)　大隊長は指令書の隊名部分に、途上命令する内容を簡潔に記入し、伝令に伝達させる。

(3)　「火炎が見える。」「逃げ遅れがいる。」等の重要情報があった場合は、指揮隊員全員に知らせる。ただし、交通事故防止のため機関員の動揺防止について、十分に配意すること。

(4)　毎当務、情報員が交代乗車するため、必ず車内での確認事項を指示する。

(5)　情報担当又は情報員へ携帯電話の開局、カメラの準備などを指示する。

(6)　救助指定区域、署所受け持ち区域等の色分けをした管内白図を指揮隊車内に常置し、指令場所の位置、市街地状況、後着隊の集結状況の概要を把握する。

(7)　情報員以外の指揮隊員へは事前命令が多いが、救助指定中隊が出向中又は爆発火災等の特

異な付加指令があった場合は、具体的に指示する。

⑻　指揮隊員に対し、災害事象に応じた任務分担を再徹底する。

⑼　はしご車の部署位置の配意、風下・風横に部署、活動統制等の下命は、具体的な内容とする。

⑽　機関員から災害の発生場所を確認するとともに、乗車員全員が場所を把握するように指示する。

⑾　ポンプ隊の場合、災害の状況で変わるが、火災の場合、中継体形か先行隊部署の活動か判断して活動する。中継体形の場合、隊員へは水を載せるまでは屋内進入は避けるなどの指示をする。

　　ポンプ車のタンク積載水量を把握しておくことは基本である（800ℓ、1000ℓ、2000ℓ等）。

⑿　各番員に具体的な指示を与え、隊員の緊張をほぐすとともに活動の方針等を指示徹底する。

## 第3　災害現場での指揮

### 1　指揮本部長の活動位置等

⑴　指揮本部にいることが原則であるが、災害は変化していくことを念頭に危険側・特命事項の履行状況等は、自身で確認すること。

⑵　現場確認時「隊員を確認したら、声を掛けて今の状況を教えてやり、激励しながら一体感をもて。」

⑶　指揮活動は、指揮本部位置が4割（中期・後期）・現場確認が6割位で、初期の段階では、情報収集をしながらホース進入やはしご伸梯等の支援もする。

⑷　指揮本部長の気構えとして、先輩からは「指揮本部長がいる位置が、指揮本部だと思って活動せよ」と教わったことがある。

⑸　指揮本部長を中心に活動することから、立つ位置については現場指揮板の横若しくは後方の位置が妥当である。

　　指揮担当は最初に現場を一巡した後は、現場指揮板の記入や部隊管理に追われることから、無線による下命事項が聞き取れないことが多い。このことから指揮隊員が一体となった指揮本部運営をする。

⑹　指揮板を設定した前方は空けておく、延焼防止見込み以降は常駐すると良い。延焼防止見込み前は、常に現場の状況を把握しておく（局面指揮とか中隊長を有効に使う。）。

⑺　指揮板の側面の位置が現場と指揮板の記載状況が確認できる。また、下命や報告も受けやすい位置である。

⑻　副署隊長がいる場合は、指揮隊に乗車して同時に出場することから、指揮本部には、副署隊長が入り、筒先配備などの指揮を大隊長が行うことも一つの方法である。

⑼　火災現場を見渡せる場所で、適当な広さを確保して風上で指揮をとる。

⑽　消防部隊の活動に支障のない距離を確保し、活動状況を視認できる位置とする。

### 2　到着後の状況把握要領

⑴　状況判断の三要素は人命危険、延焼拡大危険、作業危険である。

⑵　所在地の再確認、街区全体の把握をする。

⑶　危険側で判断し、最悪事態を予測する。

⑷　人的要素を把握するポイントとして、災害の発生した時間帯にもよるが特に現場付近にいる人の言動、着衣、身体等の状況を確認する。

玄関周囲等に火元の居住者等に関係する車椅子、杖等の生活の補助具があるかどうかを確認する。

表札による家族構成（最近は防犯上の関係から苗字のみが多い。）、地域に携わっている役職の表示板（町会長等）、共同住宅の場合は電力積算計の数、ガスメーター数、ポスト及び表示されている部屋番号等で世帯数を把握する。

空部屋の場合は、これらのメーター類が封印されている場合があるので判断でき、災害初期では世帯数や居住者数を確認する際の参考となる。

⑸　大隊長は、現場到着時に火点を一巡して実態を把握し、活動方針等の決断をすることとなるが、走りながら確認すると、よく見たつもりでも頭に入っていないことがある。

現場確認は、できる限り走らず、重要な状況は指差呼称をして、脳裏に叩き込むつもりで確認することが必要である。

現場から署に戻って、状況を思い出してみると、確認したつもりのことが意外と覚えていない場合が多いことがある。

⑹　早い時期に先着中隊長から情報を報告させ、不足する情報を随時収集させる（逃げ遅れ、けが人、延焼拡大危険を優先する。）。

⑺　情報がまとまらなくても、断片的な情報であっても定期的に報告させる。

⑻　基本ではあるが、逃げ遅れ情報と延焼拡大方向を最優先とし、活動の方針を決定する。

⑼　出火建物の居住者呼び掛けについては、名前で呼び出す。「居住者はいませんか？」の問い掛けは、その場所に居住者がいないのか、住んでいる人がいないのかが理解しにくい。

⑽　一般住宅火災の場合、居間から黒煙が激しく噴出中で、開口部の上・下（軒裏・床下換気口）から黒煙が出ている場合は、天井、小屋裏及び床下に火が入っている場合が多い。

⑾　延焼火災の場合は、現着時の煙の色に注意し、褐色の噴煙には特に注意すること。

⑿　火災出場時、最先着隊が現場到着し、活動する時間帯が火災の成長経過を判断した場合、フラッシュオーバー発生等の活動危険のある時間経過帯に入っていることから火災性状を把握すること。

開口部からの火炎噴出及び進入時には、十分に注意するよう指示する。

⒀　防火造、耐火造建物及びビル火災、一般火災、危険物火災、林野火災等、その災害の様相によって状況把握のポイントが違ってくる。

⒁　到着時の煙の色によって判断する。

大量の黒煙、濃い茶色の煙、火炎の混ざった茶色の煙に建物が包まれている場合は延焼拡大危険あり。

灰色の煙、黄色の煙、紫色の煙、桃色の煙等変わった色の噴煙が確認される場合は、通常とは違う燃焼実態及び爆発危険等があることを判断する。

⒂　建物延焼状況によって判断する。

窓から火炎噴出中、屋根が抜け上方に火炎が噴出中、建物全体が延焼中など延焼拡大状況によって把握する（ブロック面、角、内火災、建物隣棟間隔、延焼拡大方向等）。

⒃ 到着時の把握ポイントは、どこ（何を）を重点に把握するかであり、例えば、火炎や延焼状況、手振りの要救助者の有無、建物構成状況等の優先ポイントを第一に確認する。

⒄ 上空からの映像が指揮判断に役立つことがある。

広範囲な延焼火災、飛火の発生方向や林野火災時の延焼方向などの状況把握は、情報収集のためのヘリコプターを早期に要請する。

林野火災時は、ヘリコプターに搭乗し確認することも有効である。

## 3 現場指揮要領

⑴ 下命は、具体的かつ簡潔にすること。

⑵ 「迷い・不安等」が脳裏によぎったら、不安要素を排除する判断に立ち、躊躇することなく決断すること。現場指揮は、何百回経験しても、同じ内容は無い、その災害ごとが真剣勝負である。

⑶ 指揮活動時期を大きく三分割して、指揮する。

　ア 現場到着時は、逃げ遅れの有無、消防力劣勢時の臨機な対応（応援要請・消防団活用）、危険情報の有無を判断基準に活動方針を決定する。

　イ 筒先包囲完了時は、焼損面積の算定、進入隊の確認、安全確認（けがが発生するのは、この時期からが多い。）をする。この時点で、よく現場周辺を確認すること。

　ウ 鎮圧時は、交替要員の配意、トータル被害の確認、交通障害の確認、破壊箇所の確認などをする。

⑷ 指揮活動等での実践例

　ア 初期の災害の実態把握は、規模の大きな建物では大隊長と伝令、指揮担当の二班編成でそれぞれに分かれて確認し、延焼状況、面積、要救助者、必要部隊等を判断し活動方針を決定する。

　　　指揮本部の設営は、初期の段階では設定せず、少し落ち着いてから開設する。

　イ 安全管理面から、孤立した部隊を作らないように、必ず下命事項の履行状況を報告させる。また、指揮本部長が活動状況を確認する。さらに、指揮隊員には必ず下命事項を復唱させ、その結果を報告させる。

　　※ 孤立した部隊と隊員を作らないことが、安全管理の鉄則である。

　ウ 災害現場は、決して同じものはなく、状況、活動内容は種々多様である。経験、知識が豊富でもすべての災害に完璧に対応できる者はいない。しかし、活動はなるべく基本に忠実に行うことを心掛け、次の事項に配意する。

　　㋐ 火災現場は必ず火点を一巡する。

　　　　一巡することにより、延焼危険方向、最初に対応しなければならない活動を判断する。さらに、一巡することで安全かつ効果的な活動ができる進入路等を決定することができる。

　　　(ｲ)　指揮は自分一人で行わない。

　　　　　中隊長であれば、小隊長の指揮分担に配慮する。

(5)　特殊小隊への命令

　ア　特別救助隊

　　先着隊等から筒先を延長させ、人命検索救助の活動を徹底する。

　イ　はしご小隊

　　はしご車が進入、接近できない街区では、延焼危険側への筒先配備、検索活動を徹底する。

(6)　筒先配備の下命等

　ア　到着したポンプ隊が現場をよく把握していないことがあるので、大隊長及び指揮担当は、ポンプ隊の筒先配備箇所を下命し、効果的な消火活動を行う。

　イ　大隊長及び指揮担当は、早期に不必要な筒先を統制して二次火災等に備える。統制をしないと各隊から多くの筒先が延長されていることがある。

　ウ　対面進入と対面注水はさせない。特に耐火造の共同住宅の場合は十分注意すること。

　エ　警戒筒先は、往々にして空ホースの場合が多いので、隊長に任務を明確に指示し、必ず筒先まで水を載せ、即応体制をとらせる。

(7)　消防団等を有効に活用して、消防警戒区域を早い段階に設定することで、消防活動上の障害などが少なくなる。

　　※　活動障害の排除や通行人のホース等のつまずきによる受傷防止になる。

(8)　指揮本部運営が落ち着いた段階で、大隊長は必ず部隊の水利部署状況、筒先部署状況、現場建物（工作物を含む。）の状況を確認し、問題点等を把握しておく。

　　※　直近水利を空けてしまうことがある。

(9)　現場を引き揚げる際は、必ず大隊長、指揮担当、伝令等の複数の目で、消防活動した災害現場（隣棟建物、工作物を含む。）を確認して引き揚げる。

　　※　ホース延長による隣棟建物のブロック塀や植木を損壊してしまい、後日、関係者からの苦情となり対応した事例がある。

(10)　早めの下階の水損防止、特に耐火構造の共同住宅は注意が必要である。

　　※　水損防止作業が遅れたため、下階の水損が拡大した事例がある。

(11)　重要事項の下命は、大隊長が活動場所に行き、隊長の顔・目を見ながら直接口頭で具体的に下命しないと伝わらない。

(12)　車両、その他火災で廃棄されたバス等の火災及び空家、廃屋内の火災は、これらに入り込み生活をしている居住者がいる可能性があることから、検索に対する配意が必要である。

## 4　火災現場要務例

(1)　指令後の初動対応

　ア　出場指令と同時に発災地の地域特性をイメージする。さらに署隊に情報提供の要請を行う。→部隊の集結状況、街区状況（一方偏集等）、当日の気象状況など。

　イ　救助指定中隊はどこの隊なのか（中隊長は誰か。）。

ウ　第1出場の中隊はどこの隊かを掌握する。

エ　出場時、時刻を確認する習慣を身に付ける。

オ　出場時、各隊の出場順位を事前に確認する。

カ　住宅街区図により、発災地、道路状況を再確認する。

(2)　現場活動（到着時〜中期）

ア　判断の三大要素

「人命危険・延焼危険・作業危険」

イ　所在地の再確認は、以後の部隊集結に大きな影響を与えるため、最優先とする。

○　所在不明の場合は、隣棟の名称等を速報する。

「○○会社」、「○○方」、北、南隣り等

ウ　火災の街区形体

○　ブロック面、角、内を把握する。

エ　建物状況

○　耐火、防火、木造、階層、火勢の状況の確認

○　隣棟の状況、延焼方向

※大隊長は火点を一巡せよ。「実態の掌握」「決断決心」

オ　逃げ遅れの状況

○　危険側で判断、最悪事態を予測する。「火元建物に人あり」、「火元建物2階に人あり」

○　過去の事例でも、逃げ遅れ、火災による死者は火元建物で発生しているのがほとんどである。

○　周囲の延焼建物からの逃げ遅れ、火災による死者はまれである。

カ　最先・救助指定中隊長から、到着時の状況等についてを最優先に報告を受ける。

○　報告は大隊長から、その都度報告を求めるのではなく、報告の求めが有る無しに関係なく、積極的に大隊長に報告するよう平素から中小隊長を教育しておく。

○　活動中の中隊長等から、初、中、後期、少なくとも数回は自己隊の活動状況の報告を受ける。

キ　延焼拡大状況等を予測、現有消防力を比較勘案し、応援要請をする。

○　応援要請は、「早きに過ぎるとも、遅きに失しない。」

※　救助指定中隊は、直近水利部署、火元建物へ筒先を配備せよ。

○　守勢防御は、広角拡散注水、火面長を十分に取る。

○　三連はしごは、筒先と同時搬送が原則。

○　逃げ遅れありで、一旦車両に戻ってからのはしご搬送は、人命救助最優先の対応ではない。

○　火勢、逃げ遅れの状況によっては、第2到着隊も火元建物に投入する。

○　救助指定中隊の筒先補完は、後着隊の任務である。

○　攻勢に転じるのは、第2、3到着隊が筒先配備をした時である。

※　延焼建物に後着隊が筒先配備する。

○　救助指定中隊長は、統括指揮者の指揮代行を実施せよ。

　　　○　最先到着し、大隊長到着まで、積極的に後着隊を指揮し下命せよ。

　ク　火災の延焼範囲に合った筒先口数の統制の判断基準を持つこと。

　　　○　大隊長及び指揮担当は放水口数を適正に配備する。

　　　（延焼面積30㎡で放水7口は多いのではないか？「水を出す機会が少ないので体験させるため活動させた。」などは、大隊長の指揮の悪さを弁解しているようなものである。）

　ケ　筒先の統制、進入箇所の補正は大隊長の主たる任務である。

　コ　人命検索は最後の最後まで、駄目押しを忘れない。大隊長が気になることは再度実施せよ、遠慮する必要は、まったくなし。

　　　○　火災による死者の状況をよく検分する。

　　　　火災による焼死か、自損か、犯罪性の有無、子供、大人、男女の別、発見位置、体位等。

　　　○　その後、更に1名発見はよくあること。「頂門の一針」を忘れない。

　サ　現場速報は、優先項目、速報順位、順序を事前に指揮隊員へ教育しておく。

　　　一つの活動パターンを教育する必要がある。

　シ　応援指揮隊、情報指揮隊は所轄大隊長の手、足、目、耳となって支援する。

　　　現時点で大隊長が最も必要なものは何かを判断し、惜しみなくスタッフ機能を発揮する。

(3)　火災後期

　ア　受傷事故発生の時期である。

　イ　残火処理の時機は、筒先包囲以降から始め、隊と担当範囲を指定して効率的に行う。必要のない隊は速やかに、引き揚げを下命し、二、三次火災に備える。大隊長は一次火災対応中でも、二次火災に備えよ。

　ウ　再燃のおそれのある場所の確認

　　　大隊長は、自ら視認と触手で再確認する。

　　　○　隠れた部分に注目せよ。

　　　○　説示書の交付も忘れずに。

　　　○　消防隊引き揚げ後、町会、自治会、消防団の協力を得て警戒する。

　　　○　ポンプ隊による警戒

　　　・時間を区切って警戒出向させる。

　　　・警戒は、ポンプ車に乗車したまま罹災建物の周辺を外部から視認して終了ではない。

　　　・一線延長、即活動可能状態で警戒する。

　　　・焼損建物内に入って、再確認する。2名以上がよい。この場合、警察官、関係者等の立会いがあることが最良の方法である。

　　　○　ぼや火災と部分焼火災の建物は特に再燃火災防止に配慮せよ。

　エ　火災現場では、火元建物・延焼建物・付近住民等の動向に、大隊長は注目しておく必要がある。

　オ　大隊長は現場引き揚げに際して、火災現場を一巡し、最終的な焼損実態を掌握しておく。帰署後、状況不明では、統括指揮者として問題あり。

　　　　○　消防隊の活動などを検証しておく。

　　　　　・延焼拡大に至った状況

　　　　　・火災による死者の発生した理由

　　　　　・社会的な特異性、問題点

　　　　　・消防活動の評価

　　　　　　到着順位に従っての筒先進入位置、逃げ遅れ救出・救助及び一般人の功労等

　カ　帰署後も消防力の間隙を作らないこと。出場可能隊が編成できるまで、緊急配備隊は残留させる。

　　　非常用ポンプ車及び可搬ポンプを常に、使用可能状態として総合的な消防力を維持しておく。

　※　第1線ポンプ車のトラブルに備える。

　※　火災出場後の、署所直近火災に備える。

## 5　活動状況の把握、部隊統制

(1)　複数の隊が出場し活動状況等、統制が必要となる場合は必ず指揮本部を設置、指揮担当は必ず必要事項を記入しておく。

(2)　一般的な火災の場合は、指揮担当と各中小隊長が連絡をとり、指揮板に各隊の行動を必ず記入し、把握しておくこと。

(3)　普通出場の計画出場隊及び特命隊等の出場隊が多くなると、隊の把握、隊の統制が困難になる。各隊の行動は、伝令と指揮担当で出場隊の活動を把握し、待機隊、転戦可能隊等を速やかに把握すること。

(4)　指令書を活用して部隊名をチェックして把握する。

(5)　伝令に出場隊一覧を必ず携行させる。出場隊の把握は伝令への事前命令の一つである。

(6)　筒先配備後、一巡し声を掛けながら隊を把握する。

　　　また、各隊の進入位置を修正する（無線では下命内容が適切に伝わらなかったり、聞こえなかったことが多い。）。

(7)　中小隊長からの口頭報告又は無線により解信をとりながら、状況を掌握する。

(8)　活動統制、筒先統制、危険物情報などは、重要事項の命令であり、必ず解信をとる。

(9)　無線統制を行い、個別に中小隊長名を呼び出し、活動状況を確認する。

(10)　活動命令、延焼防止、鎮圧、鎮火、安全管理などを徹底した下命時間を記録する。

(11)　耐火建物火災の要点は、まず思い切った部隊の活動統制である。

　　　狭い階段部分に資器材・ホース・隊員が集結して、自分達で活動を困難にしている。

　　　高層階へのホース延長は、階段、踊場等でホースが屈折して適正圧力が維持できないことがあるので、十分に注意する。

(12)　活動状況の把握は、中期以降、大隊長や指揮担当が現場確認するほか、従事していない隊を活用することも有効である。

(13)　統制方法については、携帯無線だけでは徹底できない場合もあり、警笛及びハンドマイクのサイレンを吹鳴させ、注意を喚起して統制を図る。

## 6　焼損程度別、対象物別等の指揮要領

　対象物ごとの延焼状況及び装備資器材、部隊の応援要請など、一連の消防活動や災害の推移をイメージできることが、指揮活動では最も重要である。

〈指揮活動の例示〉

(1)　ぼや火災等の場合

　（現場到着）

　ア　火点建物へ伝令とともに向かう。

　イ　先着中隊長に状況を報告させる（けが人、焼損箇所はどこか、その他特異事項等）。

　ウ　必要以外の隊については、現場待機を下命する。

　エ　現場を確認し、鎮圧を報告する（先着隊から報告済みの場合は現場を確認する。）。

　オ　活動隊以外は、現場引き揚げを下命する。

　カ　鎮火を報告する。

　（引き揚げ）

　　残火処理基準に基づき確認し、現場を引き揚げる。

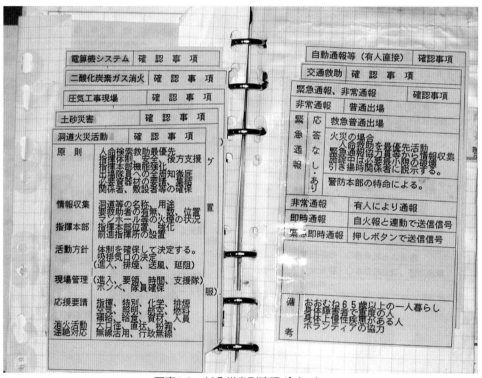

写真2-6　対象災害別確認ポイント

(2)　延焼火災の場合

　（出場途上の車中）

　　必要に応じて大隊長の途上命令を伝令に指示する（具体的に）。

「強風時につき各隊は、大口径ノズルを活用して火勢の制圧に当たれ。」
「2階居室、逃げ遅れの人命検索救助を最優先とする。」

（現場到着）

ア　火点建物へ向かう。建物規模により指揮担当に大隊長と反対方向の延焼状況を確認させる。

イ　先着中隊長に状況、活動を聞く（延焼状況、逃げ遅れの有無、けが人の有無、危険物の有無、自己隊の活動状況、応援要請の状況、特異事項等）。

ウ　伝令を同行し、火点を一巡する。

エ　延焼状況、逃げ遅れ、けが人の有無、指揮本部設置、応援要請隊、活動方針等を警防本部に入れさせる。

オ　延焼状況と筒先の配備状況から消防力の優劣を判断し、後着隊への下命、先着隊の筒先配備の転戦を下命する。

カ　指揮本部において、部隊管理と統括指揮を行う。
　　後着隊の現着報告を受信、活動内容を下命、現場確認と現場指揮板に記載された活動状況、情報収集内容、応援隊等から判断して、各隊を指揮する。さらに、署隊長等への報告、警防本部への報告をする。

キ　危険情報（瓦の落下、壁体の倒壊等）を各隊に徹底する。

ク　安全管理担当隊長、安全管理隊の任務を具体的に下命する。

ケ　鎮圧状態を確認し、報告する。

コ　残火処理の隊、担当範囲を指定する。

サ　部隊の縮小、転戦可能隊を警防本部に報告する。

シ　交通障害となっている隊を把握し、交通規制の解除に配意する。

ス　残火処理基準に基づき確認し、再出火防止を図る。

セ　鎮火を判断し、鎮火報告をする。

ソ　監視警戒隊を指定し、警戒に当たらせる。

タ　各隊の水利部署から筒先進入経路を確認するとともに、周囲建物等の破壊、損傷物等の有無を確認する。

チ　初期消火者、通報者等の消防協力者に感謝の意を伝える。

(3)　対象物の構造別のポイント

ア　木造・防火造対象物
　　延焼状況による筒先配備数を決定する。
　　筒先による包囲態勢を完了し、延焼阻止できる筒先数を早期に決定する。

イ　耐火造建物
　(ｱ)　消防設備の作動状況と活用
　(ｲ)　筒先（警戒筒先含む。）の配備と統制
　(ｳ)　吸気側、排気側の決定
　(ｴ)　水損防止

ウ　倉庫火災

　(ｱ)　建物構造、収容物、内部区画等の情報収集を迅速に行う。

　(ｲ)　鉄骨造は、火災の温度によって座屈する。

　(ｳ)　収容物によっては爆発危険、活動危険がある。

　(ｴ)　天井が高く収容物が崩れる。

　(ｵ)　収容物によっては爆燃する。

　(ｶ)　初期の段階での内部進入は困難であり、活動を統制する。

写真2-7　倉庫火災での指揮本部

## 第4　災害現場での各種対応要領

### 1　災害現場での配意点

(1)　建物火災等は、火災原因調査を考慮し、再燃防止を目的とした残火処理を実施する必要がある。

(2)　延焼危険のあった建物に警戒線を配置、進入させた場合、汚損等に配意すること。

(3)　災害活動終了後、災害に起因した苦情等の有無を確認すること。

(4)　二次災害防止の目をもつことと、いかに被害を拡大させないかという気持ちを常にもつこと。

(5)　災害現場には、各種のトラブルとなる危険性が潜んでいる。安易に考え対応すると解決に時間と労力を費やす。事案の処理には細心の態度で対応しなくてはならない。

(6)　災害規模がいかに小さくても手を抜かない。

　　大きな災害でも、小さな災害でもトラブルの発生危険がある。

　　小さな災害であるからと油断し、安易に対応すると大きな問題に発展する可能性がある。

(7)　消防活動により、周囲建物の塀及び器物等が損傷した場合は、現場にいる間に所有者等に

接触して、誠意をもって対応する。

⑻　窓等の破壊による進入を必要とする救助活動等は、事前に所有者等に説明し、承諾を得る。所有者等が不在の場合で緊急時は警察官等の立会いを求めること。

⑼　部隊の引き揚げ時には、隊員、車両、資器材等の異常の有無を報告させる。

⑽　火災現場では、活動中の隊員を叱らない。消防隊員が何か失敗したのではないかと住民に受け取られる。

⑾　災害現場にいる住民は、消防の良き協力者及び理解者である。消防警戒区域からの退避や避難等の指示の言動には注意する。

⑿　ささいな事案が発生した場合でも、事案の初期対応は指揮者、自らが行うこと。

⒀　ささいな事案でも、トラブル等が発生した場合は、隊長等に速やかに報告するよう指導しておく。

⒁　問題の発生危険がある場合、「これくらいやればいいだろう。」ではなく、時間、労力を費やしても問題の芽は摘んでおく。

⒂　活動が長時間に及ぶ場合は隊員の疲労度を考慮し、交代要員を確保する。

⒃　活動中は笑顔もなく、独裁者的な命令をするので延焼防止後や各隊が引き揚げ時には、ねぎらいの声をかける。

⒄　住民との接遇に配意し、トラブル発生を防止する。団員も同じである。

⒅　水損発生、誤破壊等のトータル被害の拡大防止をする。

⒆　署隊長の補佐として信念をもち、常に危険側に立った危機管理を行う。

⒇　社会的影響を考慮し、トータル被害の軽減を念頭に消防活動を指揮する。

㉑　判断に困ったら住民は何を求めているかを考え、消防活動を指揮する。

㉒　社会的影響のある災害は、報道機関への発表は慎重に行うこと。

㉓　人命に関する情報は、不確定であっても確認されるまで徹底して検索する。

㉔　けが人の言動、救急隊の傷病者からの情報は重要情報が多いことから、病院搬送前や警防本部を経由し報告させる。

㉕　災害現場では、活動隊員を含め火災原因等にかかわる会話は禁句とする。

㉖　大隊長として重要な活動命令は、指揮隊員に任せず自身の肉声で指揮命令をする。

㉗　火災の中期以降に、危険要因（火勢拡大、燃焼物等の落下、転落等）が増大するため、その都度、活動隊に周知徹底を図る。

㉘　火災の延焼防止以降、二次火災対応の転戦可能隊を指定し転戦体制をとる。

㉙　活動指揮とともに安全管理監視を行い、危険要因を排除させる等隊員の受傷事故防止に努める。

㉚　濃煙熱気内進入は、基本を重視した行動を徹底させる。

㉛　高所作業を下命した場合、いかなる場合も隊員の事故防止を最優先とした指揮活動を行う。

㉜　隊を動かすためには、強い信念と毅然とした態度で下命する。これにより部隊は安心して活動できる。

㉝　隊員の災害経験不足、疲労等から消防活動が消極的になり、いつまでも一箇所の場所を動かない隊が多くなる傾向から、適宜状況を見て下命をする。また、自ら率先垂範して活動

する場合も必要である。

⑶4 殉職者を絶対出さない、再燃火災は絶対起こさせない部隊管理をする。

⑶5 災害現場を引き揚げ時は、必ず警戒隊を指定するとともに現場及び周囲を一巡し、警戒の重要箇所とスタンドパイプ使用等による警戒線の延長等を具体的に指示する。

⑶6 関係者に対して説示書を必ず交付する。

⑶7 筒先進入及び水利部署した位置を確認する。

## 2　災害現場での安全管理

⑴ ガラスを破壊した時、窓枠に残ったガラス片をとび口の柄等で完全に除去する。

⑵ 瓦屋根の建物に内部進入する場合、ストレート放水により瓦等を落下させて進入する。

⑶ 火災の中期以降、中小隊長を集結し、具体的な指示を与え徹底する。

⑷ 安全管理は、指図されて実施するものでなく、消防活動の基礎であり、普段の訓練の成果であることを認識する。

⑸ 消防活動は、安全、確実、迅速であり、安全が確保されなければ活動はできない。安全管理は積極的な消防活動戦術と考える。

⑹ 基本を軽視した行動は、事故につながるので普段から基本を重視した訓練を実施する。

⑺ 安全確保の基本は自己にある。安全に関する注意力、対応能力を喚起させる資質の向上を図る。

⑻ 過激な活動をしたときの自己の空気呼吸器消費量を確認させ、検索活動等の消防活動時間を把握させる。

⑼ 消火活動中、フラッシュオーバー及びバックドラフト等の急激な延焼拡大危険の兆候を見逃さないこと。

⑽ 火災中期から活動危険が増大する。大隊長が火元建物を巡回し、確認するとともに具体的な活動危険を指示する。

⑾ 壁体の崩壊危険、瓦の落下危険等がある場合は、危険要因を排除してから活動する。

⑿ 三連はしご等による高所進入時の転落防止処置は、最優先とする。

⒀ 放水による火炎の吹き返し、挟撃注水による受傷事故防止に配意する。

⒁ 各隊長は、危険要因を発見した場合は、直ちに活動中止や退避させるなどの対応をする。自己隊の対応だけではなく、他隊、指揮本部へ周知すること。

⒂ 濃煙熱気内への進入は、必ずロープ確保等により進入時の安全確保をする。

⒃ 指揮本部からの指示命令に対して確認の復唱をしているか、指揮者の指揮掌握下で活動しているかの確認をする。

⒄ 2階の床抜け危険のある現場では、命綱、単はしご等の活用を図り、安全に十分配意すること。

⒅ 活動隊員に直接、具体的に声を掛け、指示することにより、安全に関する士気が高まる。

⒆ 瓦屋根が抜けた現場における残火処理は、瓦の落下に注意し、落としてから残火処理をする。

⒇ 商店等の化粧モルタル及び一般住宅の洋風作りのモルタル塗り等の壁面は、焼損状況によ

り剝離落下することがあるのでモルタル面の膨らみ及び亀裂等の異常を早期に把握すること。

⑵⒈　二階の残火処理時の注意点として、最近の建物は構造上、二階根太が細く胴差しへの挿入が少なくなっている建物がある。このため、大量の放水で畳等が吸水して重くなることで床が抜け、落下することを隊員全員に周知しておくこと。

⑵⒉　対面放水とならないような放水場所と位置を指示する。

⑵⒊　到着時の延焼状況でフラッシュオーバー等の危険に対して活動を統制する。

⑵⒋　高所での活動隊がある場合、落下物危険に対する警戒区域を設定する。

⑵⒌　高圧電線下での火災現場は放水位置、活動要領を指示する。

⑵⒍　火炎を受けたパラペットは膨らみ、落下するため、周囲への立ち入り規制又はロープなどを利用して落下させるなどの対応をする。

⑵⒎　延焼した建物のベランダには、安易に乗らないこと。さらに、最近のベランダの手すりは弱いものがあり、火炎により変形した手すりは落下する危険がある。

⑵⒏　瓦屋根の燃え抜けの場合は、残存している瓦及び垂木等の排除をする。

## 3　災害現場付近の住民等への対応

⑴　火元建物以外の隣棟あるいは周囲の建物居住者、共同住宅の居住者に火災の規模、推移、被害の有無など火災の状況についての情報を提供する。

　　地域の町会長、地区の代表者、上位の消防団員へは、災害の概要について情報を提供することにより、新たな情報を把握できることがある。

⑵　災害現場での下命の仕方で、「慌てずゆっくりやれ」という誤解を招くような下命をしないこと。衆人環視をしているなかには、苦情を寄せる者もいる。

⑶　下命、指示等の言動に配意すること。「何やっているんだ、早くやれ」といった言動は慎むこと。

⑷　現場活動の後ろに、罹災関係者、住民、マスコミ関係者等、多くの目があることを常に意識し、言動に十分注意する必要がある。

⑸　消防活動により、被災建物以外の物品等を損傷させた場合、早急な対応をすることが最も必要である。

---

**事例１　消火活動中に消防隊員が畑の作物を踏みつぶした事案の対応**

　深夜の火災で、延焼している建物の敷地に、隣接の畑から進入した消防隊員が、足元が暗く作物があるのが見えなかったため、作物を踏み倒してしまった。

　鎮火後、大隊長に報告があったことから、手で修復するとともに、消防団員を活用して所有者を探し丁重に謝罪したところ、所有者は、この早い対応に恐縮するとともに、消防隊の活動に理解を示してくれた。

---

**事例２　消防活動終了後に近隣住民に対して配慮した事案**

　消火活動が終了し、消防隊が引き揚げる際には必ず近隣住民に声を掛けた。

　特に隣接建物については、被害の有無を確認するとともに消防活動に対する住民の感情

　を把握するようにした。また、敷地内等に消防隊が進入した場合は、延焼防止等のため必
　要な消防活動であったことを説示するようにした。

(6)　隣接建物のアルミ柵の変形及び水損発生などは、その場で関係者に説明する。また、謝意
　　を忘れないこと（協力をいただき、おかげさまで延焼を阻止できました等）。

(7)　各隊から住民対応に必要な情報を必ず報告させる。
　　　延焼防止時、隊長を集め確認するとともに事案発生時は、速やかにその場で対応する。
　　絶対に対応を翌日にまわさない。

(8)　消防活動には、住民対応は必ずあるものと思って対応する。

(9)　隣棟住民には、出火した建物から延焼させない活動をしていることを説明する。また、活
　　動で物を壊さないよう配意する。

(10)　高層建物にあっては、下階層の水損に配意した活動をする。また、その活動概要を居住者
　　等に説明する。

(11)　消防活動に対する苦情時は、相手の言動で何をすべきか、まずよく聞くこと。その内容に
　　よってどう対応するかを判断する。現場の大隊長が対応すること。

(12)　消防活動をする上で、住民の協力を求める積極的な広報を行う。

(13)　現場付近の住民は、ポンプ車の騒音、交通規制、消防活動等を理解してくれる消防協力者
　　であるという考えで対応する。

(14)　応急消火義務者以外の協力者の功労状況、協力人数などを調査する。

(15)　火災現場の周囲住民（高齢者の病状悪化等）への対応を優先した活動をする。

(16)　火災鎮火後の現場管理への協力を要請する。

(17)　相手の立場を考え衆人環視下での質問は避ける。

(18)　隣棟建物側には、必ず指揮本部長等の責任者が顔を出し、誠意を持った対応に当たる。

(19)　火点周辺に、議員、区市町村の幹部、関係団体の長などが居住、又は現場に居合わせたと
　　きは個人情報を除いた災害状況を簡潔に報告する。

(20)　災害活動中の状況が周知されず、地域住民や通行中の運転手から不平不満的な発言が出る
　　ことがある。災害状況、消防隊の活動などを広報することで理解を得ることがある。

(21)　付近住民との協力体制を図り、「消防と一緒」及び「消防に支援」の意識づけを持っても
　　らうことで円滑に現場対応ができる。

(22)　自治会長等に依頼して、付近住民に消防活動への協力要請を呼び掛けてもらうなどの協力
　　体制をとる。

(23)　災害現場周辺で発生した事故、トラブルなどの案件は、迅速な報告をするように隊員など
　　に平素から指示しておくこと。

## 第 5　活動報告及び残火処理要領
### 1　署隊長等への活動報告
(1)　初期の段階では、人的情報を重点に簡潔に報告する。

(2)　逃げ遅れの情報、部隊集結状況、応援要請の要否、活動の危険性、指揮変更の要否等を優

先に報告する。

(3)　火災の状況報告は、現場指揮板において活動状況、延焼状況、方針等を報告する。

　　重要事項の人的情報、延焼拡大危険などは、口頭で報告するなど情報管理に十分注意すること。

(4)　署隊長が指揮判断するための要素と状況、特に応援要請と二次災害発生危険などの情報を早期に報告する。指揮隊員全員がその意識を持ち、時期を失することのないようにする。

(5)　活動状況は、主に建物の見える位置で延焼箇所などを指差して報告する。

(6)　現場板を用いた報告とともに、目で確認することが明瞭簡潔であり、活動の重点、危険及び特異事象等については確実な報告が必要とされる。

(7)　災害状況の内容は簡潔に報告することはもちろんであるが、行政的に配慮する内容や地域の著名人、社会的に発展影響する内容は逐次報告する。

(8)　災害現場における受傷事故危険要因の排除、警戒区域の設定等は、必ず署隊長等へ報告する。

(9)　傷病者の情報や事件性のあるもの、住民とのトラブル、災害現場でのけが人の発生等の内容については、逐次迅速に報告する。

## 2　残火処理要領

(1)　長時間活動で隊員の疲労を見て、撤収させたい気持ちに傾くが、交替要員を確保する等して、残火処理は絶対に妥協しないこと。

(2)　最後の確認は、自身でやること。先輩からは、洋服ダンスの中から火種が発見された事例や翌日の火災調査時に残り火が発見された事例を聞かされた。

(3)　赤外線熱画像直視装置等による確認も大事であるが、手袋を脱ぎ素手で、壁体等を確認すること。

(4)　交替要員は躊躇なく要請し、休憩は住民等の視線に配意した車両内等で休ませる。

(5)　延焼火災現場は、必ず警戒隊を指定し、即応体制で警戒すること。完璧に鎮火しても、帰署して仮眠で眼をつぶると「赤い炎」がちらつくものである。

(6)　火元付近の現場保存を調査、捜査の観点から最大限に留意する必要があり、記録（焼損した状況をデジカメ等により収める。）してから残火処理をすることも一考である。

(7)　鎮火の判定については、小規模な部分焼、小火火災に注意すべき点が多い。

　　確認するために資器材を活用しても困難な場合、不安要素は、基本的には破壊等により確認する。この場合、関係者に対する具体的な説明はもとより、警察官に対しても同様に説明するなどして、鎮火を急ぐことはしない。時間をかけて確認することが肝要である。

(8)　残火処理基準に基づく活動を徹底する。

　　ア　押入れの布団類等は、必ず屋外に出して処理する。

　　　※　押入れ、風呂場、ベランダで残り火があったことがある。

　　イ　林場の材木は、必ず移動してよく注水をする。

　　　※　移動して放水をしなかったため、数日後、残り火が発見された。

　　ウ　全焼火災はもとより、小火や部分焼火災の残火処理に細心の神経を使い、延焼経路と

なる壁間等の小破壊等をして確認する。

　　　　※　早めに確認しなかったため、小屋裏に延焼拡大した事例がある。

　　エ　残火処理は、隊長を指揮本部に集め作業範囲を明確に示し、責任を明らかにして実施する。

　　　　なお、鎮火の判断は、必ず大隊長が自ら現場を確認して決定する。

⑼　潜在した火がある確認は、どこが危ないか、残り火の有無はどうかを判断する。ただいたずらに放水しない。局所放水や小破壊などの要領を行うなど、プロとしての誇りと技術を研鑽して対応する。

⑽　消火したつもりの布団から再燃することが多い。このことから、焼けた布団はすべて屋外に出して完全消火を図る。

⑾　1階が延焼した火災の場合は、1階の天井裏はもちろんのこと2階の押し入れについても、確実に確認する必要がある。

⑿　暑い日、寒い日は、特に注意を要する。活動隊の気持ちの中で早く活動を終わりたいとの思いが強く働くことから、大隊長は毅然とした態度で臨む必要がある。

⒀　てんぷら油の放置による火災は、関係者に説明して壁等の小破壊を実施する（関係者のほとんどが了解する。）。

⒁　残火確認については、救助隊を活用し、赤外線熱画像直視装置等活用により徹底した確認を行う。

⒂　台所、モルタル壁間及び柱と柱の組み合った角等の潜伏火源は、壁体の温度を非接触赤外線温度計や素手の感触で確かめる。

⒃　壁体が黒くなっている時は、必ずその部分を小破壊して内部を確認する。

⒄　破壊活動は必要最小限とし、関係者や家族等の承諾を得るとともに立会いを求める。

⒅　外部から中心部へ、高所から低所へ範囲を縮小する。

⒆　焼け細り、強度劣化等による崩壊などの受傷事故防止の徹底をする。

⒇　火点付近の過剰な破壊はしない。火災原因調査時の復元を考慮する。

㉑　未燃焼物件、燃焼残損物等（紙幣、硬貨、貴金属等）の搬出場所や保管を警察官に依頼する。

㉒　冬季の鎮火は、外気との温度差で長時間にわたって消火後の湯気が立ち上り、住民から再出火と誤認されることもあるので付近住民等に説示し理解を求める。

㉓　2階よりも1階に堆積された焼き残物は、特に深層部が完全に消火されないことがあり、注意すべきである。

㉔　梁の合掌部分や戸袋、モルタル壁内部には残り火があり、見逃す危険がある。判断に迷っても危険性がある時は、所有者等の承諾を得て小破壊し確認する。

㉕　残り火の確認は、一つひとつ大隊長等が何回も確認した後に鎮火と判断する。以前、鎮火の確認前に小破壊させ、十分に注水したと思っていた戸袋の上部に残り火を認め、更に小破壊して注水を徹底したことがある。

# 指揮隊員の活動

## 第1　災害状況の確認要領等

### 1　延焼状況の確認

⑴　火面長によるが、必ず火点を一巡して確認することが大原則である。

「火点を確認せずに、指揮活動はできない。」

⑵　火面長、延焼状況の確認は、「大隊長と伝令、指揮担当と情報担当」の二班で左右に分散して確認、瞬時に危険大となる方向を見聞して、危険側を大隊長と伝令で一巡すること。

ここで大事なことは、一巡したら元の位置で合流（時間をかけない、2・3分程度）することである。

⑶　情報収集した内容により、活動方針を決定する。

初期は、逃げ遅れ情報に基づく検索隊の指定を2隊から3隊、下命する。さらに、延焼面積の算定、部隊の進入方向、活動危険を指示する。

⑷　都県境の地域は、部隊が一方に集結することから、火面長を包囲するまでは、消防団の活用を配意する。さらに、部隊集結までは指揮担当と分担して筒先配備を指揮する。

⑸　大隊長は、到着初期に延焼状況の確認とともに救助指定中隊あるいは最先到着隊の活動状況を把握する。活動の統制、修正、補完等の指示、命令をいち早く判断し、指揮担当に火点を一巡させるなど総合的に判断すべきである。

⑹　炎の勢い、風向、隣棟間隔など延焼拡大状況の予測をする。

⑺　人命危険、活動危険を第一に確認する。

⑻　火点建物周囲の拡大危険方向を早期に確認する。

⑼　指揮担当として、失敗をおそれず積極的に指揮する。大隊長活動方針の徹底や中小隊長の指揮技量等の把握が大切である。

⑽　災害現場の全体をよく見ること。

例えば、警察官が盾を持ち警戒待機しているのに、先着隊はその間をホース延長していたことがあった。

常に全体を見る癖をつけることが大切である。

⑾　火点の一巡は原則であるが、裏側の確認ができない場合、状況によっては隣接の建物（共同住宅の高所等からの確認）の活用に配意する。

⑿　現場の延焼状況等の確認要領（初期の段階）

ア　大隊長……建物実態把握（住宅、共同住宅、倉庫、店舗等）延焼拡大の状況

イ　指揮担当…背面の筒先配備後、指揮本部設定

　　ウ　情報担当…逃げ遅れ情報（出火時には、何名いて何名確認したかが最優先、氏名等は後でよい。）

　　エ　伝令員……延焼面積の算定、下命事項の伝達、所在地の確認をする。警防本部へ報告する内容は、必ず先に大隊長に報告する。

⒀　先着隊のホース進入は、逃げ遅れのいる火点室、延焼危険方向、消防隊の進入可否等で判断する。

⒁　現場の確認は、災害規模により大隊長、指揮担当、伝令の三人で確認し、三人での確認が困難な場合は、重点箇所を大隊長が確認するなど効率的に分担して行う。

⒂　延焼状況の確認は、指揮隊と中小隊長とが連携して迅速に行うことも一つの方法である。

⒃　夜間は延焼範囲が膨張して視認され、延焼面積の算定を誤りやすいので注意する。

⒄　木造、防火造で内壁又は外壁が延焼している場合は、壁間を上方に延焼している場合が多いので、必ず上方及び上階の壁体に手を当てて熱気を確認するとともに、押入れ（上段の押入れの天井が外れるようになっている。）から小屋裏を確認する。

⒅　ダクトの火災は、防火ダンパーを過信することなく延焼範囲を確認する。ダクト火災は、防火ダンパーが設置されている場合でも突破されている場合があるので、噴出口又は屋上の機械室などを確認して延焼状況を確認する。

⒆　到着時、視認した状況から判断する（延焼状況、煙の色、火炎の噴出状況、要救助者がいる状況、建物の収容物の状況等）。

⒇　指揮担当は、延焼状況、延焼危険、活動危険及び要救助者等を確認する。二次的災害の防止、隊員の安全管理を第一とし、活動危険を最優先確認項目として活動する。

　　　大規模対象物及び数棟が延焼中等の場合、北側、南側等の担当面を指定し確認させる。

㉑　火炎が確認できる建物は、その状況を把握できるが、隠れた部分の天井裏や密集地内の建物と建物の間は、火煙で見えないため小破壊や迂回して反対側からも確認する。

㉒　濃煙熱気内の建物内は、五感を活用して熱の強い箇所、延焼場所に近い部分を特に注意して状況確認する。

㉓　木造、防火造建物では、特に戸袋や内壁の隙間、屋根裏の通風口からの煙の立ち上がり、臭気に注意して確認する（煙が出てなくても隠れている内部がくすぶっている状態の時があった。）。

㉔　煙の流動は、耐火造建物、冷凍倉庫等でダクト配管が複雑に設置されている場合や夏季等で冷房機の作動時がある場合は、冷やされて温度差で下方に流れることがあるので注意する。

㉕　状況確認は平面的な建物は二手に分かれてもよいが、立体的建物の火災は指揮隊員全員で確認した方がよい（単独行動は厳禁である。）。

㉖　平面的な建物火災の状況確認

　　　指揮担当は延焼状況、周囲の状況、逃げ遅れの状況、危険物等の状況、消防隊の活動状況を確認し、方眼紙等の用紙に災害の建物の図面及び消防隊の活動、筒先進入位置等を記録する。

　　　活動状況を大隊長に報告後、活動隊及び後着隊に対する筒先進入位置・筒先の統制等を

大隊長下命のもとに行う。その後、災害の全容が確認でき、活動に支障をきたさない空地、あるいは道路等の指揮に便利な位置に指揮本部を設置する。

　伝令は大隊長と共に行動する。所在、名称、構造階層、用途、焼損面積等を確認、報告内容を整理して大隊長の確認を受けた後に通信担当へ連絡する。情報担当・情報員は、到着時の災害状況の写真撮影時に時間を入れて四方からできる限り撮影しておく。

　また、災害初期における周囲の関係者等を早期に発見し（裸足でいる者・けがをしている者等）、状況を確認、逃げ遅れた人等の情報を速やかに聴取し、大隊長及び指揮本部に報告し、活動隊全隊に速やかに知らせる。

⑴ 立体的な建物火災の状況確認

　ア　外周からの視認により煙等の確認と防災センター等に行き、受信盤で出火階・場所の確認後、階段を使って現場の確認を行うこと。

　　非常用エレベーターを活用する場合は、必ず管理人等からエレベーターキーを借りて非常用に切り替えてから使用すること。先着隊にも徹底しておくこと（非常用エレベーターを通常使用としている場合があるので注意する。）。

　イ　指揮本部の設置場所については、対象物によって異なるが防災センターがあって管理人等が常駐している対象物は、防災センター内に指揮本部を設置する。

　　防災センター内に指揮本部を設置した場合、通信担当との無線交信の確保及び前進指揮所との無線交信の確保、各活動隊への指揮、命令伝達の確保のため、放送設備及び無線補助設備等を活用する。

　ウ　防災センターに指揮本部を設置した場合は、警察関係者、建物関係者、報道関係者等、多数が集まると消防の指揮本部運営に支障をきたすため、別の場所を確保し報道関係者等に対応する。

　エ　建物の外に指揮本部を設定し、報道関係のヘリコプター等の騒音が激しく、無線交信等に影響が出る場合は、飛行を規制する。高層建物火災等の場合は消防ヘリからの情報は重要であり、指揮判断に反映する。

## 2　指揮本部の運営要領等

⑴　災害形態が年々様相を変えるとともに、指揮隊員の実災害経験の不足等もあることから効率的な指揮活動ができるよう、統一事項を指揮隊員に指示しておく必要がある。

　ア　情報の一元化

　　災害現場の情報は、多種多様であり、すべての情報を指揮隊員が共有し、収集した情報を分析、整理しておく必要がある。指揮本部開設後は、指揮本部長を核として情報の収集を図る。

　　情報が分析、整理されていない場合は、上級指揮者及び警防本部へ正確な情報が報告されない。

　イ　署隊本部等との連携

　　出火報に基づき、署隊本部で災害地及び周辺地域の情報を検索し、出場している指揮隊及び出場隊への情報提供を図る。指揮隊到着後、火点の所在が確認された後は、より

詳細な情報を提供する。

　　現場指揮活動で必要な建物用途や増改築等の情報については、署隊本部が建物等の情報を早期に指揮本部へ情報提供することで、人命救助や延焼拡大防止に反映できる。

(2)　指揮本部の設置位置は、できる限り活動隊全体が把握できる近距離で、指揮本部の存在が明確に分かる位置とする。さらに、消防活動がアピールできる場所、位置を確保し活動障害、危険がないこと。

　　空地、駐車場、駐輪場、道路の角、幅広い歩道等で明るい場所、10人程度の数が集結できる場所、このようなスペースが確保できないと判断した場合は、防災機動車を要請し指揮本部を設定する。

(3)　火元建物が見える位置を最優先し、住民等は警戒区域内に進入させない。

(4)　指揮本部の設置場所で特に注意を要する場所は、駐車場である。駐車場には、駐車車両があることから、車両に損傷を与える等のトラブルが発生しやすいことから設置場所の確保には、十分な配意が必要である。

(5)　全体を確認できる位置が理想であるが、特に指揮隊の部署位置は、活動隊に支障にならないこと。指揮隊が部署したことで、直近の水利部署を空けてしまったことがある。

(6)　道路狭隘、一方偏集区域では、指揮隊が先行して救助指定中隊、はしご隊、照明小隊の部署に支障をきたすこともある。

(7)　指揮本部の設置は、指揮隊、防災機動車隊の車内活用も一考である。

(8)　救護所を併設できるスペースのある位置がよい。

(9)　現場指揮本部は、大隊長及び指揮担当が先着隊の筒先配備を完了後に設置する。現場指揮本部の設置は、原則として活動隊の多い面で、状況が見やすく活動に支障のない位置に設置する。

(10)　現場指揮本部は情報を管理するため、一般人が進入できないようロープ等で制限すること。

(11)　伝令と通信担当との無線交信内容及び警防本部への報告内容は、無線波の違いから、指揮担当に伝わらないことがあるので、現場指揮板に記入させる等、連絡を密にするよう普段から習慣づけをする。

(12)　指揮担当は、現場と周囲の状況及び逃げ遅れた人を、速やかに把握し指揮本部を設置する。

(13)　伝令は延焼状況、延焼範囲を確認し報告するが、憶測での報告はしないこと。

(14)　指揮隊の部署位置は現場に近い位置を優先とし、指揮本部は現場が確認できる位置とするが、火元建物の風下はできるだけ避ける。

(15)　指揮本部を設定した場合、第三者（通行人、隣人等）に情報の漏えいがないように、個人情報の管理に努めること。

(16)　災害の実態把握、部隊掌握ができる場所に指揮本部を設置するという観点から、対象物と相対する位置がよい。

(17)　火煙、落下物等の二次災害危険の影響を受けない位置とする。

(18)　消防活動に障害とならない位置、車両の接近障害、ホース延長に障害とならない位置がよい。

(19)　ポンプ隊等の出場隊に指揮本部の設置位置を周知することも重要である。

⑳　地上への設置が一般的であるが、高所又は低所での災害発生や周囲の環境（化学災害や高圧電気火災等）で支障がある場合はビルの屋上、隣接の建築物等に設置することも考慮する。

㉑　指揮本部は、指揮隊車から離れた位置への設置も余儀なくされるため、聞き漏らしや伝達不足が発生しないように、携帯電話の通話可能な場所も考慮する（画像伝達装置の活用も含め。）。

㉒　現場指揮板への情報記録は個人情報の漏えいや警察機関、報道関係者、一般人への漏えい防止から十分配意する必要がある。

㉓　指揮本部設置までの配意事項

　ア　出場指令内容から判断して、機関員、指揮隊員に指示を出し、場所の確認、出場順路の選定等を機関員に確認後、出場する。

　イ　現場到着までは、事故防止及び安全運転を最重点に心掛けて、拡声器、サイレン等を有効に活用する。

　ウ　出場途上、伝令は出場報告及び大隊長途上命令、先着隊等の無線情報の受信及び大隊長への報告等を現場到着まで行う。

　エ　情報担当及び情報員は、写真撮影の準備、地図による場所等の確認、資料の確認等を行い、必要事項を大隊長に報告する。到着後は、大隊長下命のもと災害の実態把握、部隊管理等を行う。

　オ　部署位置は、災害の実態にあった場所を指示し、どのような災害時でも風下、開口部の前方、出入り口付近、地下鉄等の通気口の上には絶対部署させない（通気口近くに部署した機関員が化学災害時に受傷したことがあった。）。

　　　無線運用に障害がある場合、電波が届かない場所は車両位置の移動等を指示する。また、無線の不感地帯は、少し離れた他隊の車載無線を活用する。

　カ　設置後は、指揮板の組立てと指揮本部の旗を立て指揮本部を設置し、必ず指揮本部には指揮本部長又は指揮担当等のどちらかが常駐すること。

㉔　大災害になればなるほど情報指揮隊や応援指揮隊、更に警防部及び方面本部の指揮隊長等の支援協力が必要である。

㉕　延焼火災の二次火災等が多発している場合は、通常の出場部隊と異なり、部隊集結が遅延することがあるので、出場部隊の把握を指揮本部は早期に行うこと。

　　なお、活動等が長時間となる可能性がある場合は交替要員の確保及び現場交替要領等を検討する。

## 第2　情報収集活動

### 1　情報収集要領

⑴　情報収集といえば、現着後、すべての項目を収集し、電話番号まで聞き込んでいる隊員もいるが、初期の重要事項の収集を平素から徹底させておく。情報担当、情報員には、「逃げ遅れ情報、活動危険情報」だけを初期の段階では、収集するように指示する。

⑵　初期の段階では、積極的に情報提供してくれる住民よりも現場付近に「素足のまま、下着

姿の服装、座り込んでぼう然としている。」などの住民は、最重要情報をもっている。

⑶ 火元の責任者等を、警察官が確保してパトカーの中で情報収集していることも多々あったので、警察との連携も大事である。

⑷ 5～6棟延焼している現場で、火炎だけの音がして、「周囲が静かな現場は、逃げ遅れがいる。」ことを前提に活動すること。

　　以前、著者も先輩から「火災現場が静かだと逃げ遅れがいるという認識で行動せよ。」と教わった。

⑸ 消防隊は、迅速に災害状況、逃げ遅れの情報、建物情報、危険情報等の優先的情報を把握する。これらの情報に基づき、活動方針の決定と消防隊への下命をする必要がある。

⑹ 情報収集項目のすべてを一度に短時間で収集しようとすると「焦り」が発生し、情報の整理ができなくなる。

⑺ 災害はすべて同一でないことを認識し、基本項目を軸に現場に合った情報の肉付けが必要である。

⑻ すすで汚れた姿の人やけが人は付近住民が離れた場所で保護していることがある。

⑼ 先着している警察官は、重要情報を知っていることがあることから、確認することも必要である。

⑽ 情報収集内容を区、市町村、建物関係者等に提供する場合は、衆人環視に配慮すること。

⑾ 関係者からの情報収集は、動揺している場合が多いことから、矢継ぎ早に聴取することは避ける。

⑿ 一般住宅、共同住宅の個別の世帯数及び世帯人数を把握して、外出の有無などを確認する。

⒀ 防火診断などの機会に、台帳及び地図を作成、総括的に管理しておき、署隊本部から出場隊へ情報提供をする。

⒁ 火災予防運動等の機会を捉え、各地域の世帯数・町会役員等を確認する。

⒂ 個人情報に関する事項は、取扱いに十分注意し最小限の情報把握とする。

⒃ 関係者を落下物や放水がない安全な場所に移動して情報収集する。又は、消防車両内、地域の会館などで行う。

⒄ 情報収集のポイント

　ア 情報源の少ない現場、特に静かな現場は要注意

　イ 情報は最後まで追跡すること。

　ウ 情報を一人で占有しないこと。

　　　指揮命令系統に従って、迅速に大隊長へ報告する。

　エ 情報の一人歩きをさせないこと。

　オ 人命に関する情報は、巧遅より拙速

　　※ すべての情報は、指揮本部長である大隊長の下に集約すること。

⒅ 一般住宅の生活導線等の把握による情報収集

　　明るさ、暖かさの欲求から、南側に居室を作り、開口部は大きい反面、人間の本能としてできれば隠匿したい行為を伴う部屋（便所、浴室）の開口部は小さい。また、経済的合理性を追求することから、便所、浴室、台所等の通常「水回り」と称される部分は集中的

に配置される。

　このような基本理念から、当然南側の開口部は大きく、北側の開口部は小さくなり、人の生活する場所が特定できる。

⒆　情報に対する処置、対応の最終判断は、指揮本部長である。

⒇　空家等の無人建物であっても、「内部に人あり」と推定し活動する。

　「逃げ遅れはなし」との早期判断はしない。

写真2-8　天然ガス噴出火災

## 2　情報収集をする上での配意点

⑴　本当に必要な情報のみを手短に手際よく聞く。

⑵　相手の立場を考えて、相手の立場、話にもうなずいて聞く間をもつ。

⑶　相手に分かりやすい、言葉遣いをする。

⑷　相手に対して「大変でしたね、有難うございます。」というぐらいの気持ちで接する。また、災害の軽減のための情報収集であるから、相手に対しては柔らかくも毅然とした態度で接する。

⑸　関係者に声を掛け落ち着かせ、「消防隊に後は任せろ」という安心感を与える。

⑹　情報収集は、住民等の衆人環視の少ないところで、ひとつずつ聞いていく。

⑺　所有者、居住者等を確保した場合は、見物人等から隔離すること。

⑻　関係者からの情報収集時には、威圧的な言動はトラブルのもとになる。

⑼ 火元建物に逃げ遅れた人があり、その関係者を指揮隊車内で確保している場合は、特に無線通信略号による無線交信を確実に行い、情報の漏えいに配意すること（関係者が「焼死体発見」等の無線交信を聞いて動揺したことがあった。）。

⑽ 活動隊は、建物内部、延焼状況、危険情報等の重要な情報を把握しているので、報告を求めて活動方針の変更等を行う。

⑾ 出火建物居住者、出火室の関係者等は突発的な災害発生でパニック状態である。

⑿ 生命危険が切迫した状況下からの避難者は、危機感でショック状態にある。

⒀ 身内に逃げ遅れた人等がある場合、異常な精神状態で救助の懇願を求めてくる。

⒁ 居住者及び地域住民等は火災等の災害を早く鎮め、一刻も早い安全安心を求めている。

⒂ 相手を完全に落ち着かせることは難しいが、消防隊の姿を見ると少し安堵の色が見える。

⒃ 要救助者がいる場合、「どこに」「誰が」「何人」等の単語調で何度も聞き返すことが重要で、相手への思いやりの心を忘れない接し方で聴取する。

⒄ 一人暮らしや隣人に無関心の時代であるが、居住者の生活状態は付近住民が一番知っていることが多々あるため、声を大にして住民から聞き込むことである。

⒅ 「消防隊が到着しました、安心してください！」と呼びかけることで、勇気と安心感を与え、落ち着くことがある。

⒆ 災害現場での情報収集は、まず第一に言葉遣いに注意する。情報収集をする相手に対して乱暴な態度での情報収集をしない。

⒇ 災害現場は、付近住民、通行人等が集まり興奮状態の中にある。まずは、指揮者自らが落ち着くことが第一である。

(21) 災害現場は、落胆と不安感など異常な心理状態に包まれており、相手の心情を理解し相手を落ち着かせること。

(22) 絶対に相手の感情を挑発、絶望感、恐怖心を抱かせる言動はしない。心から「消防は人を助ける。消火する。」という信念と思いやりのある態度で接する。

(23) 老人、子供、男性、女性等、多種多様な人物に対して、その相手の立場を尊重した思いやりのある言動を使い分ける。

(24) 関係者の心情を察し、自分の身内や家族に語りかけるような言動で聴取する。

(25) 威圧的な態度や衆人環視の目を避け、同じ目線の高さで聴取する。

(26) 相手に対して、誠意ある態度で時期を失することなく聴取する。相手の立場を理解するとともに、消防の職務も理解させながら行う。

## 3 情報収集に関する事例等

通報者に対する情報収集要領についても、災害の規模に限らず重要な項目として認識する必要がある。特に第三者による通報の場合は、消防のため、被災者のために協力したという意識が強いため、丁寧な対応が必要である。

個人情報に関係する項目については細心の配意と相手側に立った気持ちを持って対応する必要がある。協力者が被害者意識をもった場合は、消防への苦情、苦言に変わり、以後の消防活動等に影響することがある。

(1) 延焼火災

　延焼火災における通報者、発見時の状況等は、比較的容易に把握できる場合が多い。

　火災が発生し拡大している中、早く消防に通報しなければという意識が働き、四方から通報されるので消防が聞き込むまでもなく、積極的に情報等を指揮本部に提供してくれる場合がある。

(2) 緊急確認

　特に自動火災報知設備のベル鳴動出場時に、通報者等に対する扱い方を間違えると苦情に発展する場合がある。

---

**事例1**

　自動火災報知器のベル鳴動によりＡビルに出場、Ａビルは M 区○○町幹線道路に面した地下 2 階、地上11階の複合用途ビルで、地下 1 階から地上 2 階までが若者の集合する風俗営業（ディスコバー）で、営業時間も深夜から朝方までの営業であった。

　朝、始発電車まで飲酒している状況で、深夜も内外に騒音が発生していた。

　3 階の共同住宅の住民から、110番通報があり、騒音の規制要請の電話が 4 回から 5 回も入ることがある。

　騒音が収まらない場合は、119番（公衆電話から）へ「火災が発生した」との通報まである。

　消防隊が現場を確認のため、この店の責任者に消防隊の内部確認をする旨を説明すると、「我々の店は火災も何も発生していない。上階の住民が営業の嫌がらせをしていることは承知している。消防も警察も制服、装備した姿で店内に入ると、酒に酔った客がパニックになりけが人が出る。消防隊が責任（補償）をとってくれるなら内部確認を承諾する。」と言葉巧みに店側の主張をしてくる。

　結果的に嫌がらせの119番通報であっても、現場の確認は必要である。店の責任者の姿勢を念頭に警察官と現場で協議し、私服の警察官を依頼して内部確認を行い、火災の事実がないことを確認した。

　飲食店が集まる繁華街など地域・場所によっては、このようなケースがあり、火災の事実の有無をすぐに確認できるとは限らない。責任者の言動は、消防隊以外にも必ず警察官に聞かせることが必要である。確認した結果の説明は、通報者は匿名（公衆電話）のためできなかった。

---

**事例2**

　共同住宅等で自動火災報知器のベル鳴動の場合、近隣住民等からの通報は、「火災でもないのに鳴動が聞こえて迷惑だ。」との騒音として通報されていることがあるため、十分注意して対処する必要がある（燃えていないとの先入観を持たないこと。）。

　通報者には、通報の協力を得たという意識で応対し、鳴動の原因と火災の有無等を説明し、感謝の意を表しながら対応すると通報状況などが聴取できる。

(3)　情報に関する原則について

　　ア　先入観をもってはならない。

　　イ　根拠のない想像に惑わされてはならない。

　　ウ　細かい情報も無視してはならない。

　　エ　内容が異なった情報は、他の情報と照合しなければならない。

　　オ　目の前の一事象にとらわれて、全体を見誤ってはならない。

　　カ　相手方の間違った情報に踊らされてはならない。

　　キ　逃げ遅れの情報は、危険側で判断、最悪事態を予測する。周囲建物に人あり。

写真2-9　瓦除去による残火処理の徹底

## 第3　現場指揮板の作成例

例1

1　現着後、すぐに現場指揮板等を持っていく隊もあるが、火面長が広く消防力の劣勢時は、まず指揮隊員といえども、情報収集しながら火元建物に筒先配備を支援することが先決であることを念頭に活動すること。

2　初期の段階では、現場手帳を活用する。

　　逃げ遅れの情報と活動方針の徹底は、下命する隊長に「情報によれば○階の○側の部屋

にいる。」と直接する。

3　情報の整理等は、指揮隊車内で作成するのも一手法である。特に、情報収集板は管理する
必要がある。

4　重要情報などは指揮板に記載せずに、活動隊に徹底させることが先決である。

## 例2

1　活動方針・逃げ遅れの状況・建物状況などの重要事項は、朱書きにより強調して表示し、
誰が見ても判読できるようにする。

　　筒先進入は青色表示、建物については黒色表示、上階の延焼危険、下階の水損危険等の
記入を考え、立面で表示する（Ｌ型のスケールなどを使用する。）。

　　木造・防火造の場合は、街区構成状況及び隣棟間隔（距離）を明確に表示する。

　　建物規模に応じた大きさで記入、火災中期以降は活動隊を記入する。

　　転戦の可否は必ず把握し、表示するなど安全管理隊等を含めた出場隊全体の部隊管理を
する。

2　災害種別ごとの現場指揮板の作成

　　管轄区域の地域特性にあった指揮板を作成し、積載する。

　(1)　建物火災指揮板

　(2)　車両火災指揮板

　(3)　船舶火災指揮板

　(4)　林野火災指揮板

　(5)　危険排除災害指揮板（NBC災害を含む。）

　(6)　救助活動指揮板

　　※　各指揮板には、事前に災害の推移に応じた必要事項等を記入しておき、現場で指揮
　　　本部長の活動方針などをチェックする。

3　部隊運用状況記録板作成例

　(1)　部隊運用状況記録板（建物火災）…………表2－1

　(2)　部隊運用状況記録板（車輌火災）…………表2－2

　(3)　部隊運用状況記録板（船舶火災）…………表2－3

　(4)　部隊運用状況記録板（NBC危険排除）……表2－4

表2-1 部隊運用状況記録板（建物火災用）

| 出火年月日 | 年 月 日（ ） | | | |
| 出火場所 | 区 丁目 番 号 | | | |
| 業態・名称 | | | | |
| 責任者 職業・氏名 | （ 歳） | | | |

| 経過 | 覚知（覚知別） | 時 分 | 救助指定中隊名 | 応援指揮隊 |
| | 延焼中 | 時 分 | 最先到着隊名 | 情報応援 |
| | 第2出場 | 時 分 | 隊名 | 安全管理 安全管理担当隊長 |
| 過 | 防止 | 時 分 | 消防部隊 | 安全管理隊 |
| | 鎮圧 | 時 分 | 消防隊 | 特命隊 特命隊名 |
| | 鎮火 | 時 分 | 消防団 | 分団 |

| 番号 | 責任者等 | 名称 | 用途 | 構造 | 階層 | 建面積 | 延面積 | 焼損面積 | 救助 | 誘導 |
|---|---|---|---|---|---|---|---|---|---|---|
| ① | | | | | | m² | m² | m² | 男・女 | 男・女 |
| ② | | | | | | m² | m² | m² | 男・女 | 男・女 |
| ③ | | | | | | m² | m² | m² | 男・女 | 男・女 |

活動方針等　検索・救助　周囲の延焼阻止　逃げ遅れ（あり・なし）　活動危険情報（感電、フラッシュオーバー等）
緊急事態対応　消防警戒区域の設定　応援要請（R隊、A隊、安全管理隊、応援指揮隊、情報指揮隊、ガス、電気、その他（ ））
残火処理の徹底　安全管理（モルタル壁、瓦、床落下等）　アスベスト等の吸引防止（呼吸器、防塵マスク）
部隊管理（活動部隊、不従事隊、特命事項の任務解除等、部隊縮小、転戦可能隊、残火処理隊）
搬送医療機関（ ）

備考

表2-2　部隊運用状況記録板（車輌火災用）

|  | |  |
|---|---|---|
| 出火年月日 | | 　年　月　日（　　） |
| 出火場所 | | 　区　　丁目　番　号 |
| 業態・名称 責任者 | | 職業・氏名　　　　（　　歳） |
| 経過 | 覚知（覚知別） | （　　）　時　分 |
| | 延焼中 | 時　分 |
| | 防止 | 時　分 |
| | 鎮圧 | 時　分 |
| | 鎮火 | 時　分 |
| | 最先到着隊名 | 消防部隊 |
| | 応援部隊 | 応援指揮隊、救助隊、救急隊、水槽車 |
| 対象 車輌 | 車種別 | |
| | 延焼物件 | |
| | 積荷の状況（有害物質等） | |
| 関係機関等 | 道路管理者（国道、区道、市道、高速道、首都高速道、その他） 警察 下水道 | |
| 負傷者等（負傷程度） | | 男（　）、女（　）　名 |
| | | 男（　）、女（　）　名 |
| 備考 | | |

表2-3 部隊運用状況記録板(船舶火災用)

| 出火年月日 | 年　月　日　(　　) | 船舶の種類(大きさ・内部区画) | |
|---|---|---|---|
| 出火場所 | 品川区　　　丁目　　番 | 積荷の種類・量・形態 | |
| 埠頭名 | (　　　) (京浜港東京区第　区) | | |
| 船種名 | (　　　) | 荷受人 | |
| 船名 | (　　　) | 入港予定船一覧表情報【※(○)情報収集済】 | |
| 船舶(総トン数・乗船人数) | (　　t・　　人) | ・船名、用途<br>・バース、ビット名(　　)<br>・入・出港先、時刻(　　)<br>・国籍、t数(　　)<br>・船舶電話(　　)<br>・積荷(　　)<br>・代理店名(　　) | |
| 責任者 | 船長・氏名： | | |

| 所有社 | | 代理店 | | 活動概要 | |
|---|---|---|---|---|---|

| 経過 | 覚知(種別) | (　　) | 時　分 | 要救助者<br>人数 | 有・無<br>　　人 | 避難状況 | |
|---|---|---|---|---|---|---|---|
| | 延焼中 | | 時　分 | 沈没危険 | 有・無 | | |
| 過 | 延焼防止 | | 時　分 | 流出油 | 有・無 | | |
| | 鎮圧 | | 時　分 | 船舶図面の確保 | 有・無 | | |
| | 鎮火 | | 時　分 | | | | |

| 区分 | P | C | L | B | Y | A | R | H | 計<br>(隊数) | 海上保安庁 | 港湾局 |
|---|---|---|---|---|---|---|---|---|---|---|---|
| 第1出場 | | | | | | | | | | | |
| 第2出場 | | | | | | | | | | | |
| 特命出場 | | | | | | | | | | | |

| 備考 |
|---|
| |

表2-4　部隊運用状況記録板（NBC危険排除用）

|  |  |
|---|---|
| 災害 | 年　月　日（　　） |
| 発生 | 年　月　日　　区（市）　丁目　番　号 |
| 業態・名称 | 場所　　　　名称 |
| 責任者 | 職業・氏名　　　　　（　　歳） |
| 経過 | 覚知　時（　）分　　覚知別（　　）　　最先着隊　　　　隊 |
| 物質 | 品名又（国連番号又はCas. no）　　けが人の有無　有り・無し　　可燃性の有無　可燃・不燃　　気体・液体・固体　臭気有り・臭気無し |

| 種類 | 到着隊 | 隊名 | 数 | 連絡済関係機関 | 消防部隊　隊名 | 使用可能測定機器（積載隊名） |
|---|---|---|---|---|---|---|
| N uclear（核・放射性物質） | P 隊 | | | 通報者　自衛隊　東京都　アイソトープ協会 | | GX（　　） ドレーゲル（　　） GC－MS（　　） FT－IR（　　） ChemSentry（　　） 放射線検知器（　　） Bioガーディアン（　　） |
| B iological（生物） | C 隊 | | | 保健所　ガス | | |
| C hemical（化学） | Y 隊 | | | 医療機関　特殊災害支援アドバイザー　その他（　　　） | | その他（　　） 測定機器名： 測定機器名： 測定機器名： |
| | A 隊 | | | | | |
| | R 隊 | | | | | |

性状　気体・液体・固体　臭気有り・臭気無し

| 消防警戒区域等 | 消防警戒区域、火災警戒区域、毒物・劇物危険区域、爆発危険区域、放射線危険区域、感染危険区域、除染区域 |
|---|---|

**例3**

　　現場板の作成時、指揮隊員の意思を統一するため、現場図面の作成要領を決めている。

　　指揮隊員の全員が、無線連絡を受けて作成ができるようにする。特に延焼面積の推移の記入は、数字と矢印で表示する。

　　延焼火災等の従事が少ない、勤務年数も浅い伝令との現場における意思の疎通を図るために決めたものである。いくつか統一したこととして、延焼面積の表示は、警防本部に報告した面積を記入することにしている。

例えば、30→　50→見込→防止　この様に記入する。

　　要救助者の救助は、〇—|—< 　→　●—|—<
情報時の表示　　救助完了の表示

　　救助指定中隊等の先行機関員からは、中継体形などを連絡させ、現場の図面に表示する。


**例4**

1　活動方針は、指揮板の右上に記入、筒先は青色、視認した逃げ遅れは人形略図を縦に書き未確認情報は横に記入、出場隊は左余白に記入する。プライバシーに関することは記入しない。3階以上の場合は立面図を書き、主要階の平面図を記入している。

2　現場指揮板1枚であらゆる情報を記入することは難しいが、重要情報については優先して記入する。

　⑴　活動方針は、最上部に記入することが望ましい。

　⑵　筒先進入の表示は、建物背面等を記入する場合、階層ごとの平面図を作成することがよい。高層建物では階層ごとの平面図は記入できず、筒先表示に矢印（→3F等）を用いての記入となる。

　⑶　建物図は、1棟だけの延焼であれば正面図・左右に側面図・裏面図などの記入も可能である。


**例5**

1　活動方針の記入要領

　⑴　活動方針は、上位指揮者や災害の進展状況により変更されることから、変更内容の経過を明示しておき、活動隊員への徹底が図れることが必須である。

　⑵　活動方針は、理解されやすく、誰が見ても明確で端的に記入されていること。

　⑶　変更された活動方針の指揮本部長名や時刻も記入しておくこと。

　⑷　火災進展に伴い、多くの部隊が投入される場合は、部隊配備状況や下命状況は別図を設けて局面指揮隊、前進指揮所隊からの活動状況報告等も把握し、全体の動きを記入する。

2　重要情報の記入要領

　⑴　筒先進入の位置、逃げ遅れた人の位置、性別等は警防規程事務処理要綱の「消防活動記録等の作成要領」を参考に記入する。また、事前にマグネット、印字テープ等で作成しておき、現場で貼り付ける。

⑵　逃げ遅れの情報は、赤色ダマート鉛筆で二重マル表示するなど、目立つように記入、追跡確認ができるようにしておく。

　　「尻切れトンボにならないようにする。」

3　建物の記入要領

　災害拡大状況や街区構成状況を指揮板に表示する場合は、全体の部隊配備状況の把握から、別の指揮板を活用して表示する。

## 例6

1　活動方針の記入等は、指揮板の上部に活動方針と指揮本部長名を記入、右余白に出場隊名、活動隊については〇印、転戦不能は●印で記入、手持ち隊をいつでも把握し、活用できる状況にしておく。

2　逃げ遅れの状況は、図を記入し手振りは縦書き、検索、救助を要する者は、横書きとする。救出完了は〇で囲む。

3　建物の記入は、指揮板に短時間で部隊活動の車両、ホース記号を記入（隊名とホースライン）、その際平面図、側面図（高層建物）及びはしご等の記入もする。

4　現場指揮板に記入する場合、最低でも三色（黒、青、赤）の筆記具を使い分け現場板が見やすいように、図2－1「消防活動図」の要領で記入する。

5　各隊長からの活動報告を受ける際、指揮本部に集合したときは建物内部等を詳しく、区画などを記入させる。

図2-1　消防活動図

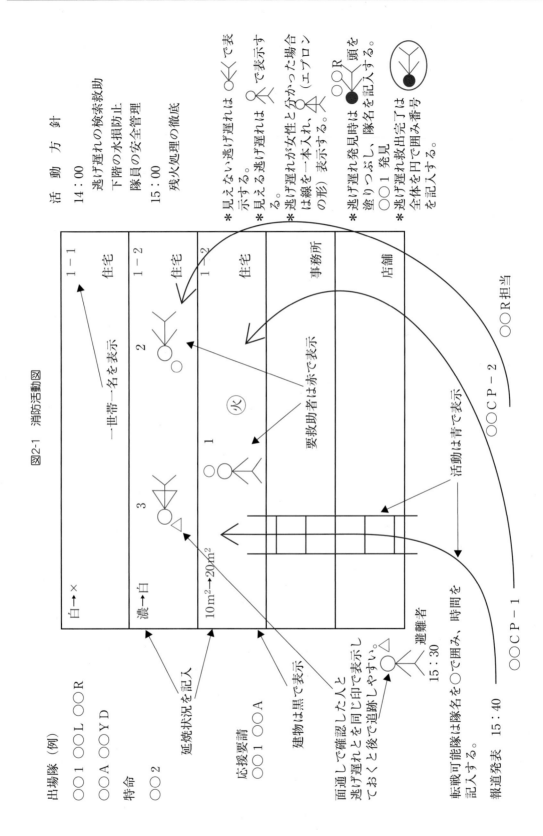

例 7

1　記入要領を統一することにより、指揮隊員（応援指揮隊、情報指揮隊）は、誰でも記入及び確認できる。

　　記入例として、建物状況、各種情報等の情報関係は黒色、ホース線、三連はしご、逃げ遅れた人及びけが人等の行動関係は赤色、活動方針、応援要請、活動命令等の活動関係は青色で記入する。

2　重要な事項、活動命令、進入、報告等は指揮板に記載し、必ず時間も記入する（指揮隊員には出場時、時間管理用としてデジタル時計を着装する。文字板の大きいものがよい。）。

3　指揮、戦術に必要な重要な情報は、整理、分析しておく。


例 8

1　現場指揮本部での指揮板と災害情報収集管理表の記入

　　通常の現場指揮本部においては、指揮板と災害情報収集管理表とともに設置しているが、左右側どちらかに設置するかは特定せずに、出火建物を視認しながら指揮活動を行う上で都合の良い側に設置する。

2　現場指揮板への記入内容

　　災害が大規模になった場合又は複雑な災害については、指揮板を追加することも考慮し誰が見ても災害状況が分かるように整然と記入することが大切であり、次の内容が必要である。

⑴　出火建物の立面図

⑵　延焼階、延焼面積、逃げ遅れた人の状況

⑶　各階への筒先配備状況

⑷　活動方針

⑸　応援要請した隊名

⑹　安全管理担当隊長

⑺　局面指揮者

⑻　救助・避難誘導等の状況

⑼　その他部隊運用に必要な事項

3　記入要領

⑴　延焼面積については赤色表示とし、延焼面積の推移については延焼防止、鎮圧、鎮火時の延焼面積を記入する。

⑵　筒先の進入方法は、屋内階段、吊り上げ、消防用設備活用等の方法があることから、単純に各階への筒先口数を記入し、その進入方法については別用紙に記入又は帰署（所）後に確認する。

⑶　活動方針は極めて重要事項であり、その時点の指揮本部長は誰で、どのような方針を決定したのか、また、指揮本部長の変更後どのように変更したのか明確にする。

⑷　応援要請した隊名については、警防本部へ要請した隊数等を伝令が自ら記入する。

⑸　各階の用途、面積、世帯数、居住者の氏名等については、情報担当又は情報員が災害

　　情報収集管理表へ記入することから、重複した記入は避ける。災害が小規模な場合等は、指揮板へ記入した方が部隊運用上効率的なことがある。

⑹　現場指揮本部付近は、消防隊以外に多数の人が集り、衆人環視される場合が多くあることから、個人名等を記入する場合は消防警戒区域を設定し、情報管理に配意する。

図2-2　耐火建物の現場活動図

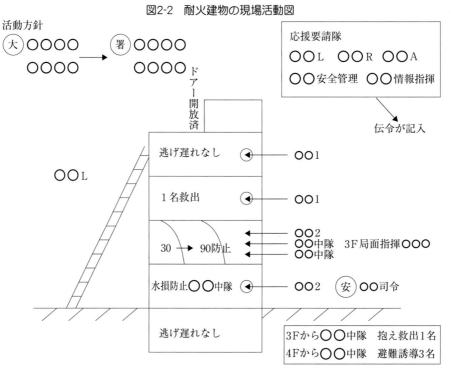

## 例9

1　現場指揮板を作成する上で必要となる資料等を作成する（借用物は身につかない、自ら作成することで身につく。）。

⑴　出場区ごとの1ページに表2－5の要領で第1出場隊（救助指定中隊・受持区域等が分かる方法）から第2出場隊までの出場部隊表（緊急配備・警備指定隊等を含む。）及び出場区内の警防計画等を作成する。

　　また、余白に出場区ごとの管内図を切り抜く等して貼付したものを作成し、出場途上及び指揮板作成時に活用する。

⑵　指揮担当の任務は、現場到着とともに災害の実態を把握し、必要部隊を適正に配備することである。このことから実態把握のポイントを外さないためにも、表2－6のチェック表を事前に作成し、指揮板の一角に置きその都度、記録する。

　　※現場指揮の必須項目を確実に確認及び時間管理が重要である。

2　現場指揮板の設置位置

　　災害現場の指揮は全体の状況把握をすることで、円滑に行うことができるが、現場の反対側は火元建物で死角となり、全体の把握ができないこともある。

　　建物の正面に位置すれば一局面しか見えない。このことから、現着して火点を一巡する

際に、危険側を把握し、火元建物の南東角（南面・東面）など、二つの局面が見通せる場所に設置することが望ましい位置といえる。

　また、指揮本部長は火点側に位置し、必要事項は火点を見据えたまま指揮担当に確認又は下命し、状況の変化を見逃さない。

3　現場指揮板（図2-3）の作成要領

　現場指揮板は多くの人に見せるものではなく、大隊長や指揮担当が指揮しやすいように作成するものである。

図2-3

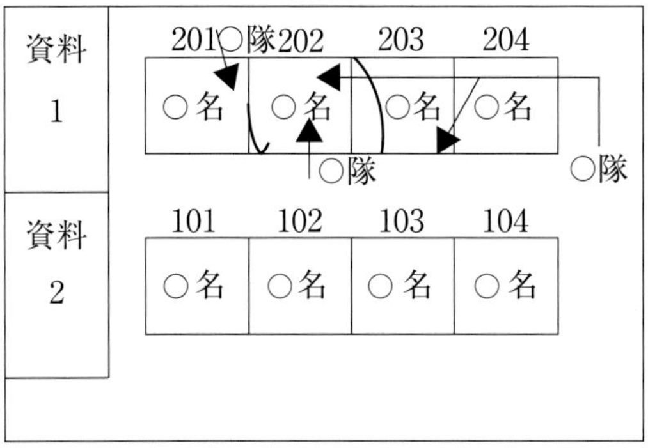

| 資料1 | 201 ○隊 202 | 203 | 204 |
| | ○名 ○名 | ○名 | ○名 |
| | ○隊 | | ○隊 |
| 資料2 | 101 102 | 103 | 104 |
| | ○名 ○名 | ○名 | ○名 |

例・防火造2階建　共同住宅

※　平面図で表示する。部屋番号を付する。
　　各部屋ごとに人員を記入する。
　　確認の取れた部屋番号を◯で囲む。

※　資料1・2の箇所には作成した表（表2
　　－5、表2－6）を置いて活用した。

（現場指揮板の記入が工夫されている作成例として、写真2－10から写真2－16を参照）

表2-5

| 出 場 区 | 1 | ○○市○○町○丁目 | |
|---|---|---|---|
| （※指令番地・名称及び付加事項等記入欄） | | | |

| 第一出場隊 | 救助指定中隊・○○中（小）隊<br><br>□□1・2小隊　△△1小隊<br>●●1小隊　▲▲L　◎◎R<br>○○YD | 受持署所・□□所 |
|---|---|---|
| | | 緊急配備隊<br>　　　▽▽2小隊→○○署<br>警備指定隊<br>　　　××1小隊 |
| | | 「特命隊」 |
| 第二出場隊 | □□1・2小隊　△△1小隊<br>●●1小隊 | |
| 諸計画 | ※出場区内に○○計画等が存する場合（No.・・）を記載しておく。 | |

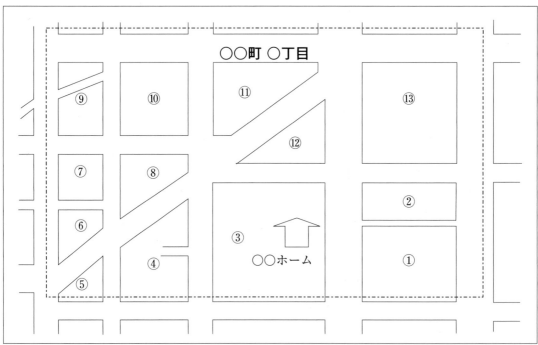

表2-6

| 逃げ遅れ情報 | 無／有 | □ 階（場所）男・女　　源 | 大隊長 報告 |
| | | 下命隊　　小隊　　小隊 | |
| | | 時　間　　　　　　：　　　　　 | □ |
| 延焼危険 | 無／有 | 東／下命隊　　小隊　　小隊 | 大隊長 報告 |
| | | 南　　　　　小隊　　小隊 | |
| | | 西　　　　　小隊　　小隊 | □ |
| | | 北　　　　　小隊　　小隊 | |
| 応援要請 | 否／要 | 時　　分（現況・理由） | 大隊長 報告 |
| | | 第二　　L 隊 ・ R 隊　A 隊 ・ 　隊 | □ |
| 活動危険 | 無／有 | （場所）＋（要因）＋（処置・対応） | 大隊長 報告 |
| | | 下命又は徹底時間　　　　：　　 | □ |
| 水損防止 | 無／有 | （場所）＋（要因）＋（処置・対応） | 大隊長 報告 |
| | | 下命隊　　小隊　　小隊 | □ |
| その他 | | | 大隊長 報告 |

## 〈現場指揮板の記入例〉

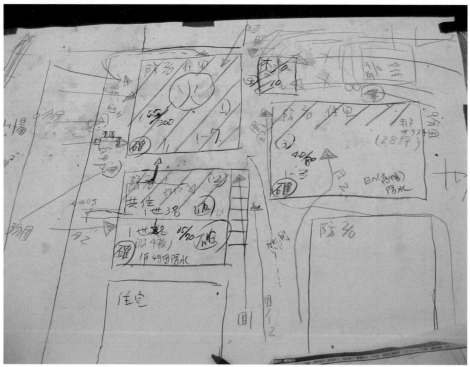

写真2-10 建物を黒色、延焼範囲を赤色、ホース線を青色で表示

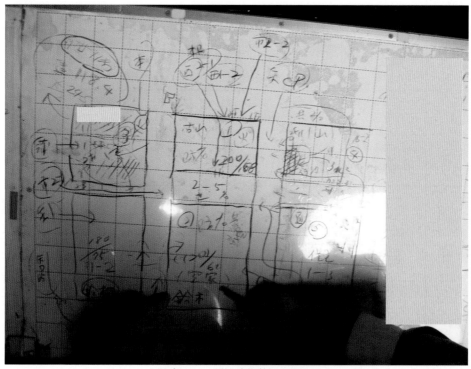

写真2-11 延焼建物状況の記入

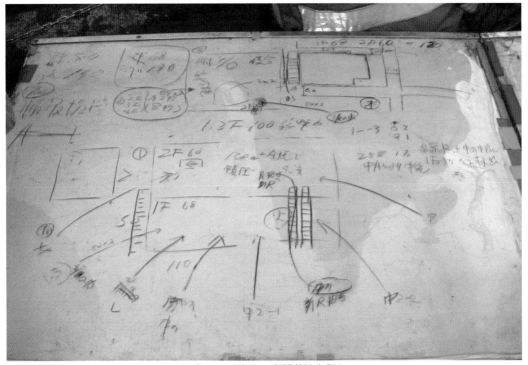

写真2-12　街区、道路状況を記入

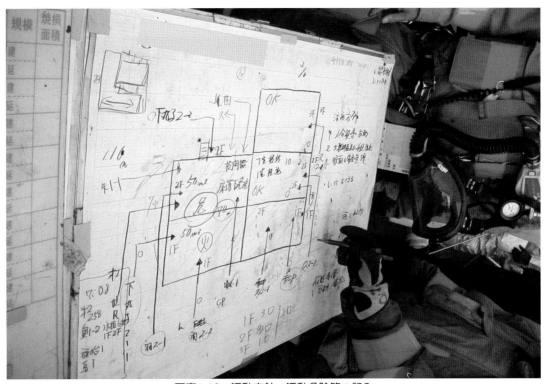

写真2-13　活動方針、活動危険等の記入

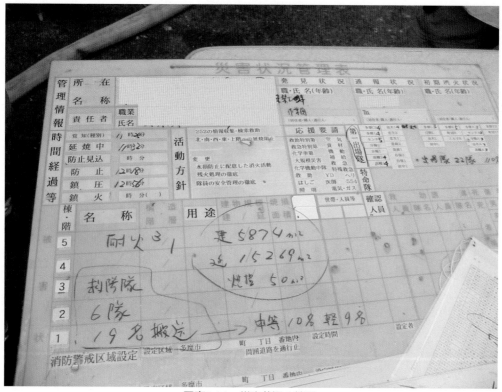

写真2-14　災害状況の管理

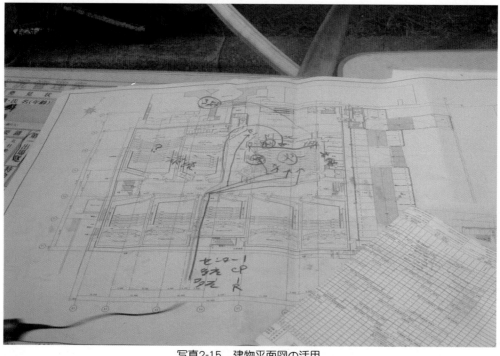

写真2-15　建物平面図の活用

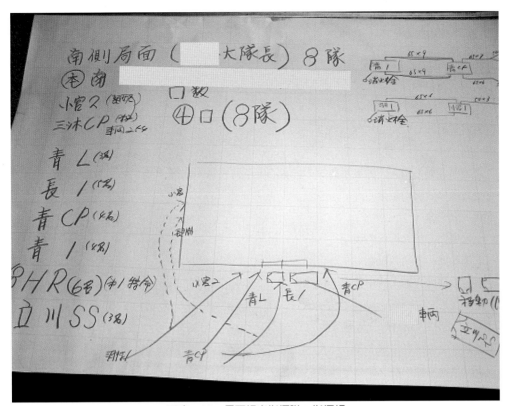

写真2-16　局面担当指揮隊の指揮板

## 第 4　災害出場時等の写真撮影要領

### 1　目　的
(1)　警防面

　ア　災害状況の報告

　イ　出場隊の活動状況の確認

　ウ　災害事例としての活用等

(2)　広報面

　ア　災害の実態を伝え、火災予防等の警戒心と予防意識の高揚

　イ　消防隊の活躍の紹介

(3)　予防・調査面

　ア　出火原因、出火箇所の判定

　イ　延焼範囲、方向の確認

　ウ　消防設備の作動、活用状況の確認

### 2　交替時における点検の徹底
(1)　申し送りを的確に実施する。

　ア　カメラ使用後のバッテリー残量

　イ　撮影枚数、撮影内容の記録や消去の有無

　ウ　使用時のトラブルの有無

(2)　カメラ、ストロボ機能等の作動点検

　ア　スイッチの作動状況

　イ　ストロボのチャージ完了までの秒数（バッテリーの消耗度チェック）

　ウ　予備電池、記録メディアの有無

(3)　カメラの時計機能の年月日、時分を確認

### 3　出場途上における準備
(1)　カメラ、ストロボのスイッチを入れる。

　ア　各部使用モードの確認

　イ　予備電池、記録媒体等の携行（放水や雨水に濡れないように注意する。記録媒体等は水に弱い。）

(2)　車載無線等による情報確認（撮影をイメージする。）、要救助者の有無、街区、延焼中の状況等

### 4　現場到着時における写真撮影
(1)　延焼火災の場合

　ア　早期に 4 方向（面）からの撮影（最低 2 方向は撮る。）をする。現場到着後、延焼建物を確認した位置でまず 1 枚は撮影する（撮り忘れ防止、カメラの動作確認等のため）。

　イ　付近に高い建物等がある場合は、高所からの撮影をする（全体を捉える。風上から撮影）。

　ウ　要救助者がいた場合は、救助を求めている位置（ベランダ、窓際等）と救助状況（救助方法等）を撮影する。

　エ　延焼状況は時間（災害の推移を考える。）を追った撮影をする。

　　　特に初期の火煙は、火災性状の重要な判断要素となる場合がある。

　オ　火災原因調査関係では、初期の延焼状況、出火室の状況写真がその後の原因や出火箇所の判定に重要となる。

　カ　広報写真は、消防隊（車両・隊員等）の活動状況を写し込む方がよい。

(2)　ぼや、車両、その他の火災等の場合

〈ぼや等の場合〉

　ア　出火室内（箇所）を4方向から撮影、天井面を含む。

　イ　焼損物（出火対象物）を4方向から撮影する。

　ウ　付近を含め火源の可能性があるものを位置が特定できるようなアングルで撮影し、更にアップ撮影、必要によりメジャー等を写し込む。

　エ　電気関係など機器に起因するものは、差し込みプラグ、スイッチ類の状況をアップ撮影する。

〈車両、その他の火災等〉

　ア　現場周囲の状況を入れたアングル（最低2方向）

　イ　焼損物（出火対象物）を4方向から撮影する。

　ウ　付近を含め火源の可能性があるものを位置が特定できるようなアングルで撮影し、更にアップ撮影、必要によりメジャー等を写し込む。

(3)　焼死者等が発生した場合

　ア　発生場所を周囲の状況を入れたアングル（その他火災等）又は室内（箇所）を4方向から撮影－柱、敷居、家具等を写し込むことにより位置の確認ができる。

　イ　焼死者の全身を入れた4方向から撮影する（着衣、身体の焼損及び損壊の状況等）。

　ウ　焼死体下面（床面）等の状況（炭化物等の有無）

　エ　消防設備、使用不能設備、防火戸の開閉状況等（消防設備の維持管理、避難障害の有無等の証拠となる。）

## 5　その他

(1)　トラブルへの対応

　ア　レンズに水滴が付着した場合は、ハンカチ等で拭き取る。

　イ　被写体に接近しすぎてピントが合わない場合がある。コンパクトカメラの撮影可能範囲をチェックする。

　ウ　水濡れ等によるストロボ発光不良は、ストロボを外し、ストロボとカメラの接点の水

分を拭き取る。

(2)　留意事項

　ア　指がレンズにかかっている場合がある。

　イ　デジタルカメラは水滴に注意する。

　ウ　現場では、引き揚げまでカメラを保持する。

　エ　ホース延長されていない時点での撮影は、付近住民とのトラブルとなることがある。

　オ　走った後などは、手ぶれ、ピントが合わないことがある。まずは落ち着いて撮影する。

　カ　一時的に情報員の警防力確保として乗車する場合であっても、防火衣の準備とともにカメラの点検は必ず実施する。

## 第5　指揮隊員の活動要領等

### 1　指揮隊員の活動と素養

(1)　指揮隊員は大隊長の目・耳・口・鼻となり、そして手足となって先を読み、現場での指揮活動をすることが求められる。

　　各隊員には、「どうしますか。」の問い掛けではなく、「現在、何々ですので、このようにしてはいかがですか。」と意見具申できる隊員を育てるよう指導する。

(2)　活動基準等をすべて覚えているわけではなく、重要な基準等は自己の現場ノートに記載し、出向時に車内で確認する。

　　経験が長くても常に不安はあるが、隊員には常にけがをしないで帰署することと、消えない火事はない、自信を持って活動することを指導する。

(3)　指揮隊員の素養

　ア　指揮担当

　　(ｱ)　全体の災害状況が早期に把握できる能力と統率力のある者

　　(ｲ)　冷静な目で活動部隊を見ることができること。

　イ　情報担当

　　(ｱ)　情報収集をすることができ、思いやりと接遇がある者

　　(ｲ)　情報員は写真撮影ができ、その写真を編集できる者

　ウ　伝　令

　　　大隊長と一体となって活動することができ、延焼面積の算定などもできること。

(4)　指揮隊員の任務を行うには、第一に気配りのできる隊員が最も重要である。

　　災害という不幸な現場で行動することから、頼りにされることもあるが、一度手順を間違えると、非難も受ける。

　　さらに、消防隊の言動一つで非難を受けることがある。災害現場での部隊統括者として、大隊長は全体の気配りをすること。

(5)　意見具申のできる者。臨機応変な行動力をもつ者が望まれる。

(6)　与えられた任務に責任をもち、言い訳をしない者。(時間はさかのぼらない。)

(7)　指揮隊員に期待する活動内容

　ア　指揮担当

出場区ごとの部隊、管内の建物街区構成・道路状況等による出場順路等を把握、到着順による筒先配備をする。

イ 情報担当

災害発生のため精神的に動揺した関係者を早期に指揮隊の中に確保し、時には毛布を掛け、長靴を履かせるなど落ち着かせ、プライバシーに配意した情報収集をする。

ウ 伝 令

出場区ごとの部隊名・隊数の把握と面積算定（間・歩測）をする。

エ 通信担当

警防調査を徹底的に実施し、時には夜間も実施して管内把握に努める（各種災害を想定した日ごろの通信訓練の積み重ねが生きる。）。

⑻ 大隊長以下、指揮隊員全員が、救助指定中隊以外の各出場隊の到着方向を常に把握しておき、筒先進入等、活動の動線を予測する。

⑼ 指揮隊員全員が指揮本部長としての意識を持ち、出場部隊が円滑な活動ができるようにすることが重要である。

⑽ 指揮隊は大隊の核となることから、指揮隊員は臨機応変に対応し、理解力及び活動能力等を有していることが最良である。

⑾ 夜間における連続放火火災で複数火点が近距離に集中し、延焼中の時は応援指揮隊が到着する間、部隊指揮を指揮担当及び中隊長等に分担し対応する。

⑿ 活動部隊は目前の災害事象に対応していることが多く、一歩下がった位置で指揮を行う指揮担当は常に周囲に目を配り、火災拡大の兆候を把握する。

活動危険が予測される時は、強力な統制により各隊に徹底する。この場合、一方的な通知ではなく、時には個別に部隊を呼び出し、全隊に徹底を図る。

「活動危険と安全管理情報は共有するものである。」

## 2 指揮技術の教育訓練

指揮訓練は管内の建物状況、地域特性等を考慮した訓練想定で指揮能力の向上を図るほか、災害事例に基づく訓練を実施する。

⑴ 指揮活動図上訓練

ア 災害種別ごとの図上訓練

イ 出場指令による判断要領

ウ 付加指令による判断要領

エ 出場部隊の到着順位及び部署方向の予測

⑵ 出場途上命令の伝達訓練

ア 救助指定中隊の支援隊への任務付与

イ 地域特性による災害特性の判断を伝達（一方偏集地域、道路狭隘、木造住宅密集地域等）

ウ 特殊車隊の部署位置を伝達

⑶ 現場到着時の訓練

　　ア　先着した救助指定中隊長との接触、情報収集要領
　　　　逃げ遅れ、所在、建物構造、延焼範囲等の状況把握
　　イ　一般火災の場合は、指揮隊員が任務を分担し早期に情報収集する。
　　ウ　大規模な耐火造建物火災の場合は、指揮隊員が防災センター等で火点確認、消防設備
　　　の作動状況を把握し、情報収集を図る。
　　エ　重要情報の収集
　　　　逃げ遅れ及び危険情報は、情報収集漏れがないように確認する。
　　オ　補完隊への指揮命令
　　　　火点を中心に、出場部隊による包囲体形を図るが、計画出場隊の補完のための特命隊
　　　の場合は、進入部署方向、集結位置等を下命する。
(4)　部隊指揮判断の訓練
　　ア　延焼状況を考慮した攻勢防ぎょ又は守勢防ぎょかの判断
　　　　複数棟が延焼時における必要な部隊の要請又は第2出場等の判断、筒先包囲完了によ
　　　る延焼防止見込みの判断
　　イ　延焼防止の判断及び残火処理移行への判断
　　ウ　鎮圧及び鎮火の判断及び再出火防止の判断
　　エ　人命検索、救助指揮訓練
　　　　救助指定中隊及び救助支援隊の活動把握
　　　　特別救助隊及びはしご隊への人命検索活動の下命
　　　　検索範囲の把握及び未検索範囲への検索隊の下命
　　　　逃げ遅れの救出指揮要領
　　　　救助隊と救急隊（救護所等）、指揮隊の連携要領
(5)　受傷事故防止対策
　　　受傷事故は、体力の低下及び活動技術の経験不足などの要因がある。
　　　加齢による体力低下は阻止できないが、急激な低下を防止するため、当番日、非番日等
　　に体力錬成を励行し、体力の維持を図る必要がある。
　　　さらに、若年職員は体力の向上とともに活動技術の習得を図る。
　　ア　火災現場は、危険性がゼロになることはないがゼロに近づくことはできる。
　　イ　安全管理能力も訓練により高めることはできる。
　　ウ　火災現場は、危険要因が潜在している。
　　　　倒壊、モルタル壁の落下、瓦の落下、床の抜け落ち等が時間経過とともに発生する危
　　　険がある。
　　エ　突発的な事態を想定し、対応要領についてトレーニングする。
(6)　木造、防火造1棟から2棟の延焼火災は活動の困難性が少ないが、特異災害等の対応要領
　　と手順等を手帳に整理して常に持っていること。
(7)　訓練場だけの訓練ではない、「いつでも、どこでも」訓練教材はある。
　　　例えば、歩きながら「伝令、あの建物が全焼した。面積を算定しろ」とか、「指揮担当、
　　ここの地域の部隊集結状況はどうだ」等日ごろから質問して訓練する。
(8)　部隊訓練も予告なしに実施する。
　　　例えば早朝、指揮隊が出向して、想定火点を無線の署轄波で付与し、ポンプ隊（水利部

　　署とホース進入までの活動）と一緒に訓練することで効果が上がる。部隊も危機感を持ち、緊張感のある訓練となる。

⑼　動画や写真等の映像の活用及びロールプレイング技法などを用いた図上訓練により、指揮技能の向上に努める。

⑽　消火、検索、救助、突発的事象の発生などを取り入れた想定を実際に訓練して教育する。隊員がそれぞれの自己の能力を知ることにより、自主性が出てくる。

⑾　任務分担を明確にし、互いの連携を密に情報を共有する訓練を行う。

⑿　一般的な火災の場合は、指揮本部設定後、約10分間が決め手であることを認識し活動に当たる。

⒀　指揮本部からの命令が各中小隊長へ的確に伝達されていることが重要である。中小隊長、隊員はすべて災害経験豊富なベテランとは限らない。下命等の伝達内容が確実に伝わり相手に理解されるようにすること。

⒁　指揮隊員の能力向上の方法として、旗による表示や映像を見ながら無線運用をする訓練が効果的である。

⒂　初期の段階では指揮担当と指揮分担を行い、指揮担当は火元建物背面の指揮をさせるなど、事前に行動を指示する。

⒃　伝令は常に冷静に対応できるように、訓練を通して活動要領を養っておく必要がある。初期、中期、後期での状況報告等について教養し、大隊長の補佐役として機能させる。

⒄　指揮隊員の教育

　ア　指揮担当

　　㋐　大隊長の未確認部分（反対側）を確認することを事前に徹底する。

　　㋑　出場部隊を把握して部隊管理をさせる（活動隊、現場待機隊、応援隊等）。

　　㋒　大隊長の命令事項等及び時間経過を記録させることを徹底する。

　イ　情報担当

　　㋐　重要情報（逃げ遅れ、活動危険、危険物等）を迅速に把握し、報告することを徹底する。情報の一人歩きをさせないこと。また、情報の共有化を図ることを徹底する。

　　㋑　情報がない場合、情報が取れない場合も速やかに報告させる。情報がないことも重要情報であるが、情報がない場合、報告されないことが多いので注意すること。

　　㋒　現場電話で報告した内容を必ず大隊長に報告させる。大隊長の活動方針等と乖離があると支障が発生する。

　ウ　伝　令

　　㋐　途上命令（救助指定中隊の支援、大口径ノズルの活用、部署位置考慮等）は、大隊長の簡潔な一言で理解できるよう教育する。

　　㋑　大隊長の命令事項、活動の流れ、時間経過を記録させる。

　　㋒　災害の推移に伴う状況と対応策等を常に確認できるように任務を理解させる。

　　㋓　伝令が若い職員のときは、声を掛け、話しやすい雰囲気作りを心掛け、信頼感を醸成することも大切である。

　　㋔　下命事項の確認と延焼面積の算定を徹底して教え込む。

エ　通信担当員

(ア)　情報が集中するところであり、情報の管理、整理を行い、状況変化に対し機転の利く能力が要求される。

(イ)　警防本部へ情報を迅速かつ適切に報告することであり、できる限り一度は災害現場を視認し、状況を頭に入れると、情報伝達、報告等がスムーズとなる。

伝令員と通信担当は常日ごろから、相互に性格、方法、癖等を知り、絶妙なコンビネーションを醸成することが肝要である。

(18)　消防活動訓練の励行が何よりも最優先である。訓練なくして現場活動はありえない。訓練後は指揮隊員とコミュニケーションを図りながら検討会を実施して、大隊長の考えを徹底する。

(19)　指揮隊員全員が、先見性や柔軟性、臨機応変の対応ができるように教育する。

(20)　災害が減少傾向にある今、訓練を重ねて災害現場をシミュレーションして技能向上を図る。

(21)　指揮隊員は研究心旺盛でなければならず、過去の事例が類似した災害では、教訓内容を生かすことを考慮する。

(22)　指揮訓練は、実践的な部隊の活動訓練が最も多くの要件を満たしており、訓練を行うことで効果が上がる。

(23)　指揮隊員の教育は、「災害時の情報活動マニュアル」などの本を活用して隊員に現場活動要領の基本を教育する。これを基に実動訓練を重ね、災害現場での活動に生かすように指導する。

(24)　警防資料や事故事例を参考に、自己管内の類似する施設の災害発生時に教訓等を反映させる。消防演習や警防視察等の終了後には、建物関係者を交えて検討会を行う。

検討会には指揮隊員を必ず同席させて教育する。

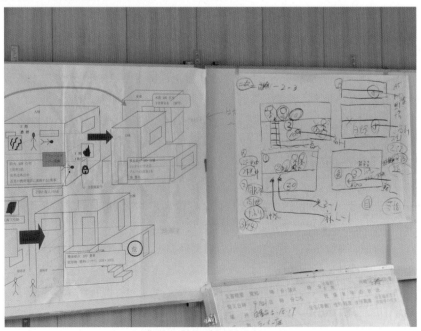

写真2-17　訓練後の検討

⒂　消防活動の原則を常に念頭において活動できるよう指導する。

　　消防活動は、①人命救助最優先、②延焼阻止、③活動危険（不安全行為）の排除、④トータル被害の軽減である。下記のポイントを特に指導する。

　ア　逃げ遅れの有無確認

　　　出火報後は、逃げ遅れがいることを前提に出場する。

　　㈠　情報が無い、聞き込んでも不明は、逃げ遅れがいる確率が高い。

　　㈡　共同住宅の火災は、避難者から情報を取る場合、具体的に○階の○号室からと聴取する。

　　　　※火元の方を指差し「あそこから逃げた」と言ったのを真に受け、火元の検索が遅れた例がある。

　　㈢　現着時、全員避難したと言われた場所から逃げ遅れを発見した。

　　　　※火元居住者の友人が無断で寝ていた。

　イ　延焼拡大危険の有無・方向・応援要請の要否判断

　　　火点一巡により延焼状況を把握する場合、火元にばかり気を取られると、周囲の状況が目に入らなくなる。建物角を回る際、いったん足を止め、火元建物の火災の噴出状況（開口部からの火炎の強弱）及び隣棟間隔を脳裏に焼き付ける。

　　　自分なりのメモをすること。

　　　※状況判断に最も重要である。

　ウ　建物規模を把握する場合、自分なりの物差し（基準）をもつ。

　　　※出向時、指揮隊員同士で「あの建物はどれくらい」等と検討し、目安を研究する。

　エ　小屋裏は目に見えない延焼経路であることを認識すること。

　　　※小屋裏を伝走し、近接した隣棟へ延焼した例がある。

　オ　応援要請の判断基準は、自分なりの目安をもつこと。

　　　※例「2棟火盛り隣棟危険あり」の状況の場合は「第二出場要請」など

　カ　「早期の要請」と必要以外隊の「早期の引き揚げ」を常に念頭におくこと。

　キ　活動危険の排除・安全管理の徹底

　　　火災現場は、至るところに危険が潜んでいることを念頭に活動することが大事であり、一歩先を見て具体的に指示し徹底しなければならない。過去の事例を研究することが必要である。

　　　事　例

　　㈠　2階の窓から火炎が吹き出ていれば、床が燃え抜け、落下危険がある。

　　㈡　放水された屋根は滑りやすい。

　　㈢　瓦屋根の燃え抜けは残存部分の落下危険がある。

　　㈣　商店街のパラペットや看板は後から付けた物が多く、中期以降の落下危険がある。

　　㈤　水を含んだモルタル壁が膨らみ、倒壊の危険等がある。

　ク　トータル被害の軽減に配意する

　　　火災時の消防隊の任務は、人命救助と延焼阻止であり、活動には放水がつきものである。水損防止活動に、早期に部隊を配備し、トータル被害の軽減に配意する。

　　　指揮活動を円滑にするためには、普段の訓練（小隊と連携）が大切である。

## 3　指揮隊員等の教養

新聞・雑誌等に載った消防に関連した記事の保存や現場活動で気付いたことを教養の機会に活用する。

海外や全国で発生した災害を訓練や現場活動に生かしたい、自分ならばどんな消防活動をするかなどの問題意識をもち、指揮能力の向上に反映する。

また、自分の目で確認したい災害現場は必ず足を運んで、消防活動のイメージトレーニングをする。

〈使用した資料内容〉

資料2-1　韓国地下鉄火災の教訓

196名の犠牲を出した地下鉄火災から学ぶ、指揮本部の位置、救護所の位置、応援要請などを検討資料としてまとめたもの。

資料を作ることで自分のものになる。

例えば事例からの教訓としては、以下のとおりである。

ア　消防隊は消火活動から救助に移行した。

イ　消防隊員10名が空気ボンベの空気切れで負傷した。

ウ　地下3階の火災発生場所まで160mであったことから、地下鉄駅舎への進入訓練を一度は体験しておく必要がある。

エ　改札口付近に要救助者が多く集まった。今後の地下鉄火災の重点検索箇所になる。

オ　現場救護所は4箇所開設した。

資料2-2　電車に関する基礎知識

電車に関する資料は、電車事故のニュースを聞いた時に、再確認するなどして活用する。

資料2-3-1から資料2-3-4　調査用紙、連絡票の活用

水損の調査を隊員に下命したところ、内容や用紙（手帳の切れ端など）が統一されていなかった反省から、調査用紙を作成し活用している。

また、火元の隣室等の居住者と接触できない時は「お知らせ」用紙を活用する。

資料2-4　警防視察の結果

ポイントとなる設備を写真撮影し、資料を作成しておき消防活動のイメージトレーニングをする（→自分のものになる。）。

資料2-5　火災現場の教訓

耐火造が密集した街区の火災で、L型の建物の奥が火災発生した。延焼状況が確認しにくい建物であったため、以後の警防調査時のポイントとして活用する。

資料2-6　消防活動検討会資料（再燃火災）

　消防活動検討会の終わりには、印象に残る事例や注意喚起のワンポイント標語で締めくくる。

資料2-7　現場の写真からの一言

　特異な災害などの現場写真は記録に残し、教養の機会に生かす。

資料2-8　救助活動時の基本事項（例　交通事故）

　若い職員が出場し、従事した現場は災害規模が小さくても検討会をする。

資料2-1　韓国地下鉄火災の教訓

## 消防活動の状況

- 火災発生　　9：52
- 覚知時間　　9：54
- 対向車進入　9：56
- 停電　　　　9：57
- 先着　　　　9：58
- 活動方針…人命検索救助
　　　　　…人命救助後消火に移行
- 消防本部は黒煙を確認
- 地下３階まで160mの距離
- 救助６隊のうち４隊を各出入口に配備
　２隊を隣接駅に配備(850mの距離)
- 途中の換気口を活用した消防活動
- 隊員10名退路時、空気切れ、熱傷
- 進入１回に１本必要
- 消防隊の救助140名
- 最先着隊長の談「既に排気口から黒煙、空気呼吸器着装し地下１階に進入視界10cm、多数を救助、このときSP作動、地下３階には、進入不能、その後、隣接駅から進入、屋内消火栓を使用不能にした。」

## 消防設備の活用状況

- 消火器の使用なし
- 屋内消火栓を使用しようとした形跡あり
- ３階部分は屋内消火栓
- ＳＰ１・2階全域カバー
- ＳＰの作動状況
- 連結送水管
- 非常用コンセント
- 無線通信補助設備
- 排煙装置は作動していた

2003/02/18（火）
出火　9：53 先頭車両
死者　196名内駅員3名含む
負傷　147名内消防隊員10名含む
焼損　10,437㎡
（B1～B2 8,433㎡熱損）
車両　12台

## 駅 舎 の 状 況

- Ｂ３（－18m）地下鉄線路
- Ｂ２（－12m）改札・コンコース
- Ｂ１（－７m）通路・地下街
- 分離方式の駅（四谷三丁目駅と同じ）
- 乗降場に至る改札口４箇所
- 電車１両の定員……120名
- 火災当時の乗車人員
- 火災発生車両の人員250人
- 対向車の人員 180人
- 火災車両のドア先頭車両４箇所
　　　　　　　　2両目４箇所
　　　　　　　　最後尾３箇所
- 対向車両のドア先頭車両２箇所
　　　　　　　　5両目２箇所
- 火災車両の運転手経験年数　６年
- 反対車両の運転手経験年数　９年

なぜ、これほど火災が延焼したか！
なぜ、大量に焼死したか！考える

## 死 傷 者 発 生 場 所

- 電動車両内142名（窒息・焼死）
　　　女性多数
- 駅構内　　　54名（窒息・焼死）
　（Ｂ３・39名、Ｂ２・11名、線路４名）
- 救急搬送200人以上
- 搬送病院22
- 現場救護所４箇所で、トリアージ実施

- 地下火災の困難性
- 地下空間の避難の困難
- 改札口の避難障害
- 煙の階段を上がる困難性
- 停電と暗中避難の困難
- 運転席のドアの構造

## 火 災 の 様 相

- ４ℓのペットボトルに入ったガソリンが火源
- ４分後に対向車両進入・停電とドアの開錠なし
- 電車の内装、座席はポリエステル、着火性あり
- 床材・塩化ビニール、壁・天井可燃性ＦＲＰ、いずれも外部から加熱された状態で火がつく材質
- 短時間に延焼拡大（新宿バス放火、青森のサラリーマン金融で発生した火災など）
- 放火直後、消火器や消火栓で初期消火すれば拡大が防止できたと考えられるが、乗客が多くいたこともあり、自らの緊急避難を優先した。
　駅員は避難行動のみで精一杯、これらの行動がその後、重大な結果になる。
- 電車の連結部分はゴム製の蛇腹で燃えやすかった。
- 避難のため、連結部の戸は開放され、炎や有毒ガスが早い時機に横方向に拡散した。
- 発生した煙は、避難方向と同一方向に上昇した。
- トンネルから新鮮な空気が流入し駅舎が煙突状になった。

資料2-2　電車に関する基礎知識

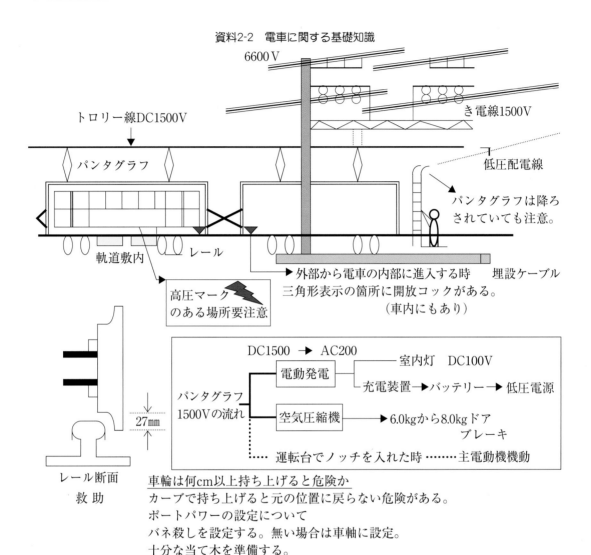

**車輪は何cm以上持ち上げると危険か**
カーブで持ち上げると元の位置に戻らない危険がある。
ポートパワーの設定について
バネ殺しを設定する。無い場合は車軸に設定。
十分な当て木を準備する。
一車両30〜40t

列車の速度と制動距離例

| 速度（km／h） | 50km／h | 60km／h | 70km／h | 80km／h | 100km／h |
|---|---|---|---|---|---|
| 1秒間で進む距離(m) | 13.9m | 16.9m | 19.4m | 22.2m | 27.8m |

鉄道関係者は、運転の再開を強く希望することが多いので、消防側の安全管理の基準で判断する。
責任者を一本化にして、毅然とした態度で対応する。

資料2-3-1（A 4 判）
## 水損等調査表

| 階 ・ 部 屋 番 号 | 氏　名・電話番号 | 確　認　内　容 |
|---|---|---|
|  |  |  |
|  |  |  |
|  |  |  |
|  |  |  |

- - - - - - - - - - - - - - - - - - - - - - - - - - - - - - - - - - - - - - - - - - -

資料2-3-2（A 4 判）

お　　　知　　　ら　　　せ

月　　日　　時　　分頃　　階で火災が発生しました。

　消防隊の消火活動により、消火水が漏れるおそれがありますので、室内を確認し防水処置を実施しました。

立会い者
連絡先
○○消防署
氏名
電話番号　0000－0119

資料2-3-3（Ａ４判）

お　　　知　　　ら　　　せ

　　月　　　日　　　時　　　分頃　　　階で火災が発生しました。

　火災の状況から緊急に人命の安全確認及び延焼の状況確認、汚損等について確認のため、
消防隊が室内を確認しました。

　　　　　　　　　　　　　　立会い者

　　　　　　　　　　　　　　連絡先
　　　　　　　　　　　　　　○○消防署
　　　　　　　　　　　　　　氏名
　　　　　　　　　　　　　　電話番号　0000－0119

-----------------------------------------------------------------

資料2-3-4（Ａ４判）

お　　　知　　　ら　　　せ

　　月　　　日　　　時　　　分頃　　　階で火災が発生しました。

　火災の状況から緊急に人命と延焼状況の確認のため、消防隊が室内を確認しました。
　さらに消防隊の消火活動により、消火水が漏れるおそれがありますので、防水処置を実施
しました。

　　　　　　　　　　　　　　立会い者

　　　　　　　　　　　　　　連絡先
　　　　　　　　　　　　　　○○消防署
　　　　　　　　　　　　　　氏名
　　　　　　　　　　　　　　電話番号　0000－0119

資料2-4　高層共同住宅の消防設備活用（警防視察）

非常エレベーターと特別避難階段附室の二段式防火戸、右側下部にホース口あり。

屋上の電気設備とスプリンクラー設備・連結送水管ブースターポンプが設置されている。

消防設備の総合操作盤状況防災センターです。

附室内の排煙口

駐車場は、連結散水設備が設置されている、ヘッド閉鎖型です。

駐車場の不活性ガス消火設備関係

附室内、非常電話・非常コンセント・連結送水管の放水口（14階以上、防災センターに連絡、ブースターポンプ起動させる。）

各戸用スプリンクラー設備の制御弁の拡大写真

スプリンクラー・連結送水管・連結散水設備の送水口・送水圧の表示
14階以上防災センターに連絡ブースターポンプの起動を忘れない。
インターホン有り

無線の交信状況は良かったか
各種竪穴区画を確認したか
階段の位置・センターコアー
入口は、パニックオープン・自動火災報知設備と連動

資料2-5　火災現場の教訓
耐火建物密集地内のＬ型建物の火災で状況把握が困難な事例

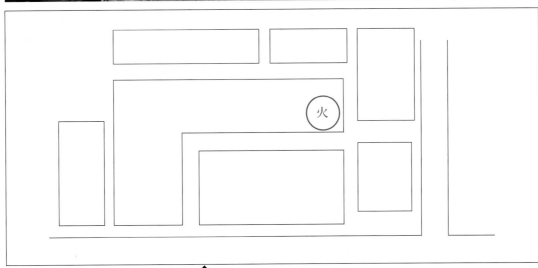

写真撮影方向

**資料2-6　消防活動検討会資料（再燃火災）**
## Ⅰ市内のマンション火災（7階建、81世帯入居）

| | 7 | | | | |
| --- | --- | --- | --- | --- | --- |
| | 6 | | | | |
| | 5 | | | | |
| | 4 | | 404<br>再出火 | 405 | |
| | 3 | | 304<br>焼　損 | 305<br>火 | |
| | 2 | | | | |
| | 1 | | | | |

## 新聞記事からの時間経過

140㎡焼損した火災

時間経過

10：30　305号室から出火。

11：40頃　鎮圧状態になる。その後、消防車も引き揚げる。住民も自宅へ戻る。
　　　　　404号室から再出火した。

12：59　鎮火

### 残火時ワンポイント標語

● 　警戒線　心は何時でも　防ぎょ線

● 　残火処理　一人の目より　皆の目

資料2-7

> 現 場 の 写 真 か ら 一 言

強風によりトタン屋根が剥
離した危険排除現場
瓦棒葺きトタン屋根の活動
要領に活用している。

改築中の緊急確認現場
天井の配管・電気配線・排
気管・空調設備の配管状況
が分かる。
天井にアスベスト吹きつけ
がある。

改築中建物の緊急確認現場
壁のコアー抜き中、消防設
備の電気配管を切断した現
場

ベランダ落下事例から
ベランダの設置状況と強度の確認
飾り柵の強度は体重を乗せる前に
強度確認をする。
円形ベランダは鉄製で滑りやすく、
固定しにくい。

資料2-8　救助活動時の基本事項（例 交通事故）

**出場準備関係**

救助事象に考えられる器材の積載を全員で行う。
署本部員も協力する。

1　救助器材のみでは、現場では広く活用できない。あて木が必要な救助資器材もある。
2　危険排除も考えられるが、各隊に最小の資器材が積載してある。早期に応援要請、救助隊が到着まで、できることをしておく。
3　指令の付加事項から、どのような事故が発生しているのか想像する。

**現場での活動**

支点は車両や地物の利用を考える。
救助方法は救急隊長も含めて決定する。

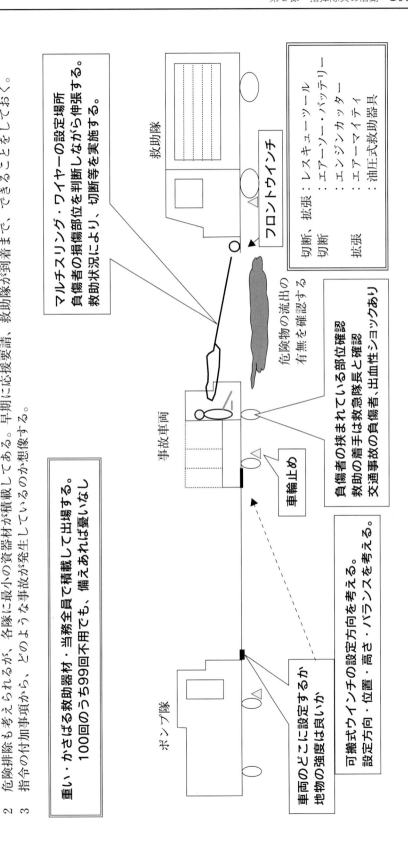

マルチスリング・ワイヤーの設定場所
負傷者の損傷部位を判断しながら伸張する。
救助状況により、切断等を実施する。

救助隊

フロントウインチ

| 切断、拡張 | ：レスキューツール |
| 切断 | ：エアーソー・バッテリー |
| | ：エンジンカッター |
| 切断 | ：エアーマイティ |
| 拡張 | ：油圧式救助器具 |

危険物の流出の
有無を確認する

事故車両

負傷者の挟まれている部位を確認
救助の着手は救急隊長と確認
交通事故の負傷者、出血性ショックあり

車輪止め

車両のどこに設定するか
地物の強度は良いか

ポンプ隊

重い・かさばる救助器材・当務全員で積載して出場する。
100回のうち99回不用でも、備えあれば憂いなし

可搬式ウインチの設定方向を考える。
設定方向・位置・高さ・バランスを考える。

# 第3節　伝令・通信担当の活動

## 第1　延焼面積の算定方法

### 1　一般的な延焼面積の算定

　　火災現場の消防活動初期時において、火点建物の延焼面積や建物面積等を正確に算定することは難しいが、現場の状況を正確にしかも早く報告することが、消防活動の成否を左右する極めて重要な要素である。

　　日頃から研究と努力を重ね、延焼面積等の災害規模は、努めて10％の誤差の範囲内で報告できるようにしておかなければならない。

　⑴　木造住宅の場合

　　ア　間接法

　　　　一般的な住宅火災は、おおむね建面積が40㎡で延焼面積が80㎡程度であるので、警防調査や自宅の面積等を参考にして建物の大きさをイメージして覚えておく。火災現場では、このイメージから、どの程度大きいのか（小さいのか）で判断しておおむねの面積を算定する。

　　　　延焼面積は、建物規模から算定し、どの程度の延焼範囲かを判断する。

　　イ　直接法

　　　　出火責任者又は、火元の居住者から逃げ遅れの有無などの情報収集に併せて建物面積を聞き出す。延焼面積の算定方法は、前記アと同様とする。

　　ウ　比較法

　　　　出火建物の隣家の居住者からその者が住んでいる建物の面積を聞き出し、それを参考として出火建物のおおむねの面積を割り出す（住宅団地の場合は、敷地面積、建ぺい率や容積率の関係から同じ規模の建物が多い。）。

　⑵　耐火建物の場合

　　　　公団住宅等の占有面積は、おおむね50㎡から70㎡で居室は6畳間の広さが多い。

　　ア　延焼面積の算定

　　　　公団住宅の6畳間の開口部は、1.8m幅の窓が1箇所あるのが通常であり、占有部分の1箇所の窓から火炎が噴出していれば少なくても、10㎡が延焼中と判断できる。

　　　　しかし、隣室の居室部分から濃煙が噴出していれば、この部分にも相当の熱気があることが予想されることから、1箇所の窓から火炎が噴出し、他の1箇所の窓から濃煙が出ている場合は20㎡延焼していると判断する。

　　イ　建物規模の算定

　　　居室の占有面積×1階層の居室数×階層で概算する。

(3)　大規模建築物の算定

　ア　おおむね300㎡の規模の建物をイメージとして覚えておき、前記(1)アと同様の方法で判断する。

　イ　建物の周囲が一巡できる場合は、歩測で縦横の距離を測り面積を算定する。

　ウ　延焼面積の算定は、100㎡単位で算定する。

　　　例えば、到着時300㎡以上延焼している場合は、400㎡延焼中として320㎡や330㎡とはしない。

　エ　広範囲に延焼している場合の到着時の状況判断は、細かいことに気を取られると、重要報告の第1報が遅くなる。

　オ　初期情報の質や情報量、多少の誤差よりも、現在どの程度、延焼拡大危険があるのか、逃げ遅れの情報の有無はどうなのかが重要である。

(4)　その他

〈面積算定の訓練要領〉

　ア　建物規模の算定要領は、車両出向時や通勤途中に建物の面積を算定する習慣をつける。

　イ　指揮隊や小隊単位で、署所近隣建物の建物規模を算定する。

〈現場報告について〉

　ア　現場速報は、重要なものから順次報告する。

　イ　完璧に報告するとすべてが遅くなる。

　ウ　部分的であっても、入手できたものから報告する。

　エ　機関員からの情報については、積極的に報告させるように訓練及び指導をする。

図2-4-1

| （例1）建40㎡　延80㎡の一般住宅の場合 |
| --- |

(1)　第1報
　　防火2/0住宅1棟2階30㎡延焼中
　　逃げ遅れ検索中

(2)　第2報
　　防火2/0住宅1棟80㎡のうち
　　2階　30㎡延焼中
　　逃げ遅れ検索中

図2-4-2

**（例２）建40㎡　延80㎡の一般住宅の場合**

(1) 第 1 報
　　防火2/0 住宅 1 棟 1 ，2 階60㎡
　　延焼中、逃げ遅れ検索中
(2) 第 2 報
　　防火2/0住宅 1 棟80㎡のうち
　　 1 ，2 階60㎡延焼中
　　逃げ遅れ検索中

図2-4-3

**（例３）耐火造の共同住宅の場合**

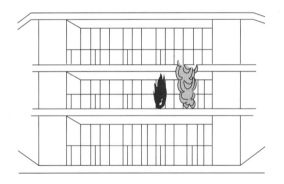

(1) 第 1 報
　　耐火3/0共同住宅 2 階20㎡
　　延焼中
　　上階に延焼危険大
　　逃げ遅れ検索中
(2) 建面積・延面積は、
　　居室面積× 1 階層の居室数で
　　概算する。

図2-4-4

**（例４）防火造の共同住宅の場合**

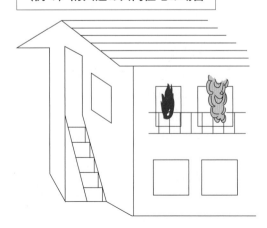

(1) 第 1 報
　　防火2/0共同住宅 2 階20㎡
　　延焼中
　　逃げ遅れ検索中
(2) 第 2 報
　　防火2/0 共同住宅○○○㎡のうち
　　 2 階20㎡延焼中
　　逃げ遅れ検索中
(3) 建面積・延面積は、
　　居室面積× 1 階層の居室数で概算
　　する。

## 2 延焼面積の各種算定要領

### 例1

⑴ 拝命時に、先輩から電信柱（50m間隔）の本数を数えて算定することを学んだ。

⑵ 目視で「10mの距離感、目安」を持ち、算定する。

⑶ 延焼面積の算定をするうえで大事なことは、火面長を包囲できるまでの部隊集結を考慮して決定すること。

　現着後（火面長にもよるが約2、3分で即断する。）算定した2～3割増で速報して、その後延焼防止時に修正があれば、修正すること。

⑷ 一般的な住宅は、建て面積40㎡から50㎡ぐらいの2階建である。この面積をインプットしておき、現場ごとに当てはめるのも一手法である。

⑸ 経験が浅い伝令等は、焼損面積算定を重視しすぎると、初期の重要事項（逃げ遅れ・延焼方向・活動危険情報等）の判断を誤るので注意すること。

⑹ 普段から訓練（通勤途上・管内警防調査時の活用）でできることを念頭におくこと。

### 例2

⑴ 建て面積40㎡・延べ面積80㎡の建物の大きさを覚え、車両出向時に同等建物を目算で算定する訓練を繰り返し行う。

⑵ 住宅展示場に行き、展示建物の建て面積、延べ面積を調べ、建物面積の規模を身につける訓練を実施する。

⑶ 巻尺を携行し、常に長さ及び高さ感覚を身につける訓練を実施する。

⑷ 現場では、上記を基本に、まず現着後の一報は目測で報告する。

　管内地域特性による建物規模を把握しておくとともに、防火造の開口部1ヶ所から炎が噴出している場合はおおむね10㎡から20㎡、耐火造の開口部1ヶ所から炎が噴出している場合はおおむね10㎡と目測して報告する。

### 例3

⑴ 現場到着時の延焼面積の算定は、建物の大きさと、その建物の延焼範囲を勘案して概算の面積を出すようにする。

　重要なことは、建物の大きさを早く把握することであるが、自分の家を基準に、それより大きい場合、小さい場合で面積を判断する。公営住宅、マンション等においても、室内の広さやベランダの幅など、算定の目安となる広さを覚えておき、その比較により瞬時に判断できるようにする。

⑵ 建物面積の算定は、窓枠2枚を一間として、2方向を掛けて坪数を出し、更に坪数に3.3を掛けて、面積が何㎡とする方法が一般的である。

　もう一つの方法は、窓枠1枚を0.9mとし、2方向の窓枠を掛けた数値を面積とすることである。

　この方法によれば、坪数から㎡に変換する換算表が不要になり、現場で効果的な方法である。

（例）一面の窓枠が10枚、他面の窓枠が 5 枚の場合、 9 ×4.5＝40.5（41㎡）となる。

## 例 4

(1) 面積算定は、尺貫法の間数で測定し算定表により、算出するとともに、これによりがたい場合は歩幅と歩数（事前に 1 歩の距離を把握しておく。）により測定する方法により算出する。

(2) 共同住宅の場合は、各部屋が同一の間取りとなっていることが多いことから、延焼していない隣室等を確認することにより、面積の算定はもとより活動にも活用できる。

(3) 窓ガラス、扉等の幅を参考にして間取りを算定する。

(4) 雨樋の受け金具間隔、母屋間隔90cmを活用する。

(5) 歩幅、道路縁石60cm、ブロック塀 1 枚40cmの規格サイズを参考にする。

(6) ブロック面等で奥行が不明な場合は、隣接建物を参考として算出する。

## 例 5

(1) 戸建て住宅（建売）については土地面積により、平均的な建面積が推測される。
比較的広い土地の区画住宅（50〜60坪）は、建て20坪前後、延べ30坪強、小区画（30坪ぐらい）については、総 2 階がほとんどであり、建て12〜13坪、延べ24〜26坪ぐらいが平均的である。

(2) 消防活動訓練の際に、延焼状況を現示旗やテープ等で表示し、伝令や各隊長が延焼面積算定と無線交信要領の技能向上を図った。

(3) 深夜、一街区全体が火炎に包まれ激しく延焼した火災で、面積算定に苦慮した時、近くにあった小型トラックの大きさを参考に算定したが、誤差は少なかった。

## 例 6

(1) 現在の建築は様々な様式があり、一般住宅でもペンション風に設計、建設する業者もあり、必ずしも在来工法の一間単位（180cm）間隔で建築されていないことがある。

(2) 土地の有効活用（斜面、三角地等）をするため、階層の取り方、小区画の床面活用をしているため、面積の算定は複雑になっていることを認識しておくこと。

(3) 火災現場で初期、現着時の延焼面積算定は（住宅）部屋単位の面積を算定すること。
例として 6 畳間、 8 畳間、12畳間の部屋は、何㎡になるのかを覚えておき、焼損面積を報告する。

## 例 7

建築物のおおむねの大きさを目安に持ち、算定する。

★ 平屋住宅の場合
大きい建物……80㎡〜120㎡（庭もかなり広い。）
小さい建物……33㎡〜50㎡

★ 2 階建住宅の場合

　　　　大きい建物……120㎡〜180㎡（庭もかなり広い。）

　　　　小さい建物……60㎡〜120㎡（隣棟間隔があまりない。）

★　防火造の商店 2 階建ての場合

　　　　大きい建物……150㎡〜250㎡

　　　　小さい建物……80㎡〜120㎡

　　　　マンション 1 室……40㎡〜70㎡

　　　　学校教室の広さ……40㎡〜50㎡

### 例 8

　指揮隊が現着してからおおむね 5 分以内に必要事項を早期に即報し、以後の部隊運用に反映させる。

　火災中期以降においては、情報指揮隊等によりメジャー等を使用した計測ができるが、即報として、延焼面積を目算する方法として、火煙の噴出状況等から判断する要素を定めておくことが必要である。

　判断要素としては、一般的な開口部（窓）の大きさ、数、構成等及び火煙の状況から面積の概算をすることができる。

⑴　外部から開口部（窓等）の火炎、煙等の噴出により延焼状況（焼損状況）を予測する。

　　ア　1 箇所の開口部からの火炎は ─────────────────────────10㎡

　　イ　1 箇所の開口部から火炎 2 箇所の開口部からの火炎 ───────────10㎡〜20㎡

　　ウ　2 箇所とそれ以外からの開口部（台所、浴室、その他）から煙 ───────20㎡以上

　　エ　2 方向、2 箇所以上を確認する。

⑵　開口部で判断できない場合の歩幅による方法として、通常時の歩幅により計測する。

　　10 名の署員の歩幅を計測したところ、平均して 60cm の歩幅となり、通常歩行により、建物の 2 面を計測し面積の概算をする方法である。（表 2 − 7 参照）

　　ア　一般的な構造、用途別開口部（窓）の種類（写真 2 − 18 から写真 2 − 30 を参照）

　　イ　木造・防火造の延焼火災の場合（図 2 − 5 判断要素 1 を参照）

　　ウ　耐火造建物延焼火災の場合（図 2 − 6 判断要素 2 を参照）

表2-7
## 通常の歩幅距離一覧表

| 人数 | 性別 | 年齢 | 身長（cm） | ・体重（kg） | 通常の歩幅（cm） | 勤　務　別 |
|---|---|---|---|---|---|---|
| A | 男 | 50 | 172 | 73 | 55 | 指揮隊機関員 |
| B | 〃 | 34 | 168 | 62 | 54 | 毎日 |
| C | 〃 | 43 | 174 | 75 | 61 | P機関員 |
| D | 〃 | 34 | 183 | 85 | 63 | 指揮隊員 |
| E | 〃 | 54 | 171 | 70 | 62 | P機関員 |
| F | 〃 | 36 | 170 | 69 | 58 | P隊員 |
| G | 〃 | 33 | 177 | 70 | 60 | A機関員 |
| H | 〃 | 22 | 170 | 85 | 65 | P隊長 |
| I | 〃 | 41 | 165 | 62 | 55 | はしご機関員 |
| J | 〃 | 31 | 169 | 68 | 57 | P隊員 |
| 平均 | | 38 | 171 | 約72 | 約59 | |

※交替制から10名を選出し、通常歩行時の第2歩目を計測した。
※通常の歩幅とは、左右片方の踵から踵までの距離

〈一般的な構造、用途別開口部（窓）の種類〉

写真2-18　共同住宅で大型の既成品以外のガラス（開口部、3.2m）が導入されており、外部からの算定は困難であるが、関係者からの聞き込み情報により居室の規模、構成（3LDK等）で初期は判断する。

写真2-19　準耐火造の建物で、開口部以外にLC板（1枚の幅60cm）で目算し、開口部の幅、建物の奥行、間口が判断できる。

写真2-20　古い木造住宅で、従来の開口部の寸法であり建物の面積が判断できる、中央の建物が火点の場合、隣棟間隔がないため、気象状況により（風位、風速）火煙にもてあそばれないよう延焼状況を確実に把握する必要がある。

写真2-21　防火造建物で、2面が把握できれば開口部からの火煙の状況で目算による初期の算定ができる。

写真2-22　防火造建物の一般住宅で、2階は比較的大きな同一部屋であり、更にもう1面を確認することで目算できる（5.4m×奥行き2.7m≒15㎡）。

写真2-23　防火造一般住宅で、1.5間の大きい開口部である、この場合手前の手すりの大きさが1.5m×3（2.5間）になっているのでこの面の規模が参考になる。

写真2-24　正面から判断すると防火造に見えるが、側面を見ると木造である建物で、開口部（3.6m）と、テラスの間隔（90cm）で間口が4.5mと判断できる。

写真2-25　最近多く使用されている壁板の防火造建物で、開口部がなく対象物もないため目算が困難である。この場合初期の目算は、歩幅で概算する。

写真2-26

浴室換気扇　ガス湯沸器　電気積算計　キッチン換気扇

---

1　この建物は、開口部の構成から内部の間取りがある程度判断できる。１階は玄関ス
　　ペース、キッチン、リビング、浴室、２階が階段、寝室等の居室となっている。
2　　間取りを予測することで、昼間と夜間の生活の位置が判断でき、消火活動（検索、
　　ホース進入等）が効率的にできる。
3　　２×４方式建物は、一定の規格であり判断が容易にできる。
　　（２×４方式は屋根の構成、構造でも判断できる。）

写真2-27 耐火造共同住宅で、開口部の大きさは4mであり、このような建物はm単位の規格が導入されている。

写真2-28 建物側面も上記開口部と同様にm単位の幅であり、居室の広さを早く把握することで面積の概算をする必要がある。

写真2-29　事業所等の場合、開口部は1.5m及び1.6mの大きさが主流であるので、面積の目算が比較的容易である。

写真2-30　消防署の開口部は1.6mである。

判断要素　1　一般的な木造・防火造建物（建36㎡　延べ72㎡）

図2-5

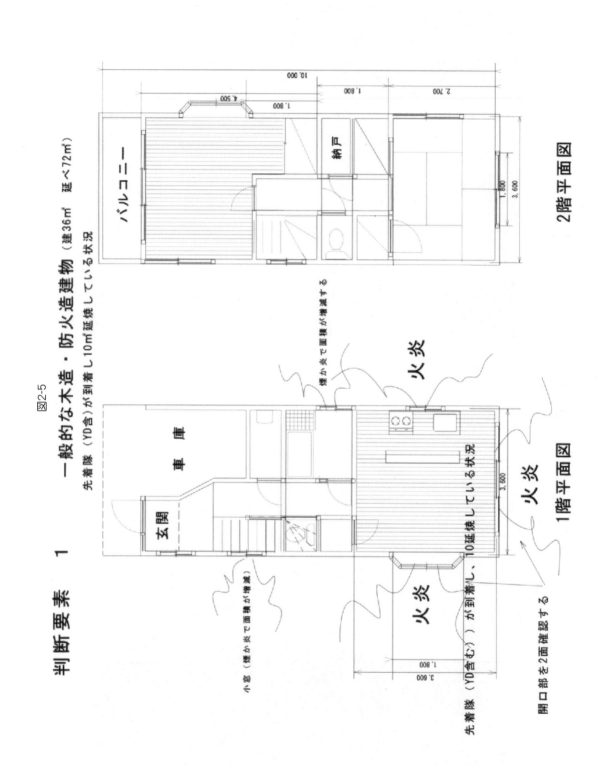

先着隊（YD含）が到着し10㎡延焼している状況

2階平面図

バルコニー

納戸

1階平面図

車庫

玄関

火炎

火炎

火炎

火炎

煙か炎で面積が増減する

小窓（煙か炎で面積が増減）

先着隊（YD含む））が到着し、10延焼している状況

開口部を2面確認する

図2-6

# 判断要素２　耐火建物 （面積59㎡）

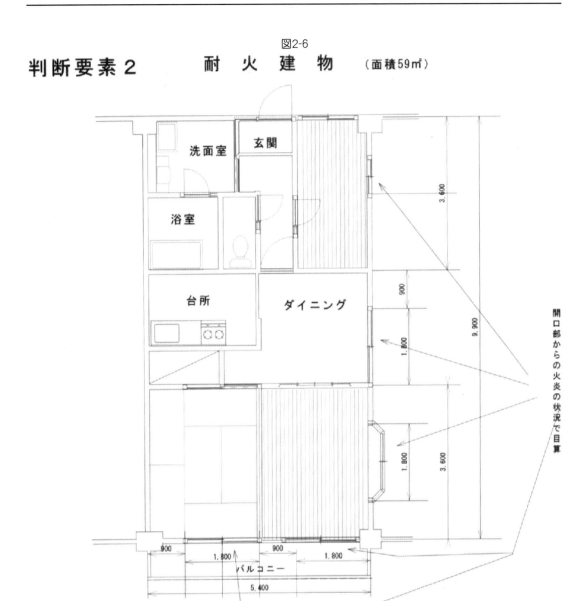

洗面室

玄関

浴室

台所

ダイニング

3.600

900

1.800

9.900

1.800

3.600

開口部からの火炎の状況で目算

900

1.800

900

1.800

バルコニー

5.400

## 第2 現場報告要領等

### 1 通信担当の現場報告

　現場報告は、部隊運用あるいは現場指揮に必要な事項を各隊に周知することを意味しており、極めて大切である。そのためにも、応援要請、命令伝達及び現場報告は、時機を失することなく適時に行うことが重要である。

　さらに、伝令から言われたことのみを警防本部に報告するのではなく、チェッカーマンとなり、報告しなければならない項目を確認し、不足している項目を要求するなど適切な報告をする。

　無線報告は、下記事項に留意して、誰が聞いても現場が目に浮かぶように心掛けることが必要である。

(1)　初期は、災害の場所（所在、名称、用途等）、災害状況（逃げ遅れの有無、延焼状況、延焼拡大危険等）、作業危険、応援要請、活動方針などを報告する。

(2)　災害の進展状況、災害の特異性及び活動の困難性を把握し、応援要請を行う。また、指揮本部長の上位指揮者への移行は、時機を失することなく報告する。

(3)　中期は、警防本部への報告内容を随時確認し、要請、報告に誤り及び漏れのないようにする。

(4)　警防本部及び署隊本部からの災害支援情報は、指揮本部長に報告し、伝令等と連携を密にして指揮本部運営に反映する。

(5)　後期は、延焼拡大危険の収束を判断して報告するとともに、二次火災等に備え転戦可能隊を把握し報告する。

（表2-8現場報告のポイント及び表2-9現場報告事例を参照）

写真2-31　最盛期の火炎噴出

表2-8
**現場報告のポイント**

| | 報　告　区　分　等 | 留　意　事　項　と　ポ　イ　ン　ト |
|---|---|---|
| 出場報告 | **出 場 指 令 時** | 1　指令番地の確認　　　　　　4　出場隊の確認<br>2　付加事項の確認（建物名称・目標等）<br>3　携帯電話の開局 |
| 出場報告 | **出 場 報 告** | 1　各指揮隊・救助指定中隊のみ報告する。<br>2　各指揮隊及び救助指定中隊が同一署所から同時出場する場合は、指揮隊が出場報告（救助指定中隊の出場を付加）する。<br>3　出向隊（指揮隊・救助指定中隊を除く）の出場報告は、デジタル無線AVM機能による「出場」入力をもって出場報告にかえる。ただし、直近（最先到着）にいる場合は、速やかに報告する。<br>4　出張所長等が救助指定中隊と同時出場する場合は、その旨を付加する。 |
| 出場途上報告 | **出 場 途 上** | 1　「１１９番」の追加情報に配意する。<br>　［例］「その後の１１９番情報によると……模様。」<br>2　特殊車両、活動支援隊の下命を考慮する。<br>3　消防関係資料を確認する。<br>4　署隊本部の支援情報及び先着隊の無線情報を受信する。<br>(1)　署隊本部は、建物名称・要救助者情報等を積極的に情報収集する。<br>(2)　一人暮らし情報等について、出場各隊に情報提供する。 |
| 出場途上報告 | **認 知 報 告** | 1　火煙又は飛火を最初に認知した隊のみ報告する。<br>　「延焼中」が入ることにより、各出場隊の活動体制が整う。<br>2　出場途上の認知報告は、一般用語で視認した範囲で描写的に報告する 。……煙の方向・炎の色・勢い等 |
| 出場途上報告 | **遅 延 報 告** | 1　大隊長が通常よりおおむね３分以上遅延する場合（理由付加）<br>2　最先着予定隊が最先着できない場合（理由付加） |
| 出場途上報告 | **命 令 伝 達** | 1　命令内容は具体的に、かつ下命対象を明確にする。<br>2　命令伝達内容を受信できた隊は、警防本部の了解のあとに「○○１受信了解」と報告する。 |
| 現着報告等 | **現 着 報 告** | 1　先着した隊は到着時の状況を具体的に報告する。<br>　構造・階層・用途、延焼方向、延焼危険方向、ブロック状況、視認できる逃げ遅れ情報、飛火状況等も合わせて報告<br>2　所在確認は、部隊運用上特に重要であり、到着後５分以内に状況報告と併せて報告する。（火点訂正：町丁名が変更することにより出場区が変わる。番地訂正：出場区は同一、番地のみの訂正の場合。）<br>3　建物名称・業態が確認できた場合は、速やかに報告する。<br>4　先着中隊長は指揮宣言し、大隊長の任務を代行する。<br>5　梯子車が接近不能の場合は、理由を付加して報告する。<br>6　指揮本部長の活動方針を具体的かつ速やかに報告する。<br>7　現着時、火煙などが見えない場合、到着方位及び距離等を付加して報告する。 |

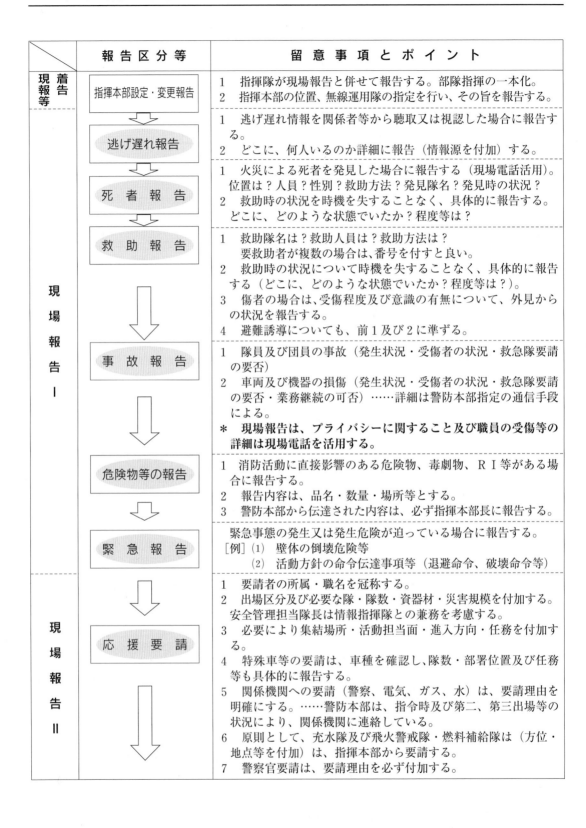

| | 報 告 区 分 等 | 留 意 事 項 と ポ イ ン ト |
|---|---|---|
| 現場報告等 着報告 | 指揮本部設定・変更報告 | 1 指揮隊が現場報告と併せて報告する。部隊指揮の一本化。<br>2 指揮本部の位置、無線運用隊の指定を行い、その旨を報告する。 |
| 現場報告Ⅰ | 逃げ遅れ報告 | 1 逃げ遅れ情報を関係者等から聴取又は視認した場合に報告する。<br>2 どこに、何人いるのか詳細に報告（情報源を付加）する。 |
| | 死 者 報 告 | 1 火災による死者を発見した場合に報告する（現場電話活用）。位置は？人員？性別？救助方法？発見隊名？発見時の状況？<br>2 救助時の状況を時機を失することなく、具体的に報告する。どこに、どのような状態でいたか？程度等は？ |
| | 救 助 報 告 | 1 救助隊名は？救助人員は？救助方法は？<br>　要救助者が複数の場合は、番号を付すと良い。<br>2 救助時の状況について時機を失することなく、具体的に報告する（どこに、どのような状態でいたか？程度等は？）。<br>3 傷者の場合は、受傷程度及び意識の有無について、外見からの状況を報告する。<br>4 避難誘導についても、前1及び2に準ずる。 |
| | 事 故 報 告 | 1 隊員及び団員の事故（発生状況・受傷者の状況・救急隊要請の要否）<br>2 車両及び機器の損傷（発生状況・受傷者の状況・救急隊要請の要否・業務継続の可否）……詳細は警防本部指定の通信手段による。<br>＊ **現場報告は、プライバシーに関すること及び職員の受傷等の詳細は現場電話を活用する。** |
| | 危険物等の報告 | 1 消防活動に直接影響のある危険物、毒劇物、ＲＩ等がある場合に報告する。<br>2 報告内容は、品名・数量・場所等とする。<br>3 警防本部から伝達された内容は、必ず指揮本部長に報告する。 |
| | 緊 急 報 告 | 緊急事態の発生又は発生危険が迫っている場合に報告する。<br>［例］（1）壁体の倒壊危険等<br>　　　（2）活動方針の命令伝達事項等（退避命令、破壊命令等） |
| 現場報告Ⅱ | 応 援 要 請 | 1 要請者の所属・職名を冠称する。<br>2 出場区分及び必要な隊・隊数・資器材・災害規模を付加する。安全管理担当隊長は情報指揮隊との兼務を考慮する。<br>3 必要により集結場所・活動担当面・進入方向・任務を付加する。<br>4 特殊車等の要請は、車種を確認し、隊数・部署位置及び任務等も具体的に報告する。<br>5 関係機関への要請（警察、電気、ガス、水）は、要請理由を明確にする。……警防本部は、指令時及び第二、第三出場等の状況により、関係機関に連絡している。<br>6 原則として、充水隊及び飛火警戒隊・燃料補給隊は（方位・地点等を付加）は、指揮本部から要請する。<br>7 警察官要請は、要請理由を必ず付加する。 |

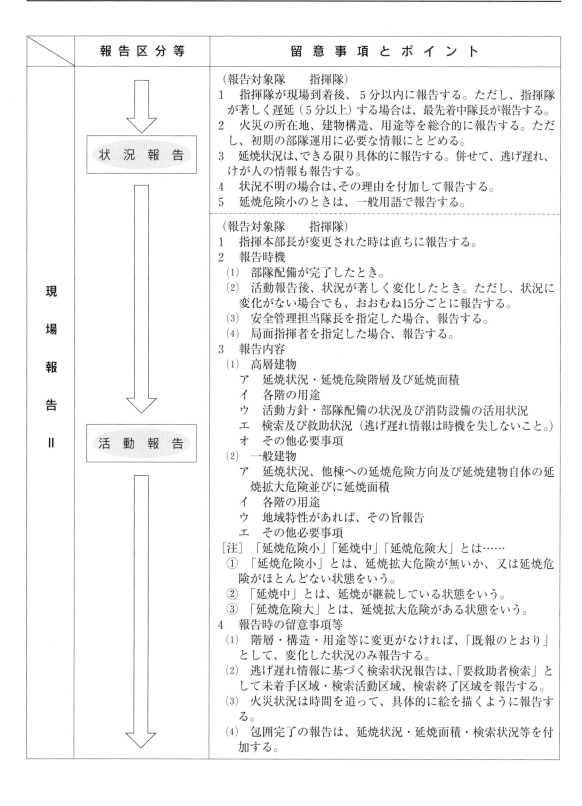

| 報　告　区　分　等 | 留　意　事　項　と　ポ　イ　ン　ト |
|---|---|
| 状　況　報　告 | （報告対象隊　　指揮隊）<br>1　指揮隊が現場到着後、5分以内に報告する。ただし、指揮隊が著しく遅延（5分以上）する場合は、最先着中隊長が報告する。<br>2　火災の所在地、建物構造、用途等を総合的に報告する。ただし、初期の部隊運用に必要な情報にとどめる。<br>3　延焼状況は、できる限り具体的に報告する。併せて、逃げ遅れ、けが人の情報も報告する。<br>4　状況不明の場合は、その理由を付加して報告する。<br>5　延焼危険小のときは、一般用語で報告する。 |
| 現　場　報　告　‖<br>活　動　報　告 | （報告対象隊　　指揮隊）<br>1　指揮本部長が変更された時は直ちに報告する。<br>2　報告時機<br>(1)　部隊配備が完了したとき。<br>(2)　活動報告後、状況が著しく変化したとき。ただし、状況に変化がない場合でも、おおむね15分ごとに報告する。<br>(3)　安全管理担当隊長を指定した場合、報告する。<br>(4)　局面指揮者を指定した場合、報告する。<br>3　報告内容<br>(1)　高層建物<br>　ア　延焼状況・延焼危険階層及び延焼面積<br>　イ　各階の用途<br>　ウ　活動方針・部隊配備の状況及び消防設備の活用状況<br>　エ　検索及び救助状況（逃げ遅れ情報は時機を失しないこと。）<br>　オ　その他必要事項<br>(2)　一般建物<br>　ア　延焼状況、他棟への延焼危険方向及び延焼建物自体の延焼拡大危険並びに延焼面積<br>　イ　各階の用途<br>　ウ　地域特性があれば、その旨報告<br>　エ　その他必要事項<br>［注］「延焼危険小」「延焼中」「延焼危険大」とは……<br>　①　「延焼危険小」とは、延焼拡大危険が無いか、又は延焼危険がほとんどない状態をいう。<br>　②　「延焼中」とは、延焼が継続している状態をいう。<br>　③　「延焼危険大」とは、延焼拡大危険がある状態をいう。<br>4　報告時の留意事項等<br>(1)　階層・構造・用途等に変更がなければ、「既報のとおり」として、変化した状況のみ報告する。<br>(2)　逃げ遅れ情報に基づく検索状況報告は、「要救助者検索」として未着手区域・検索活動区域、検索終了区域を報告する。<br>(3)　火災状況は時間を追って、具体的に絵を描くように報告する。<br>(4)　包囲完了の報告は、延焼状況・延焼面積・検索状況等を付加する。 |

| 報　告　区　分　等 | 留　意　事　項　と　ポ　イ　ン　ト |
|---|---|
| 現場報告Ⅱ | (5)　重要事項については、漏れのないよう報告する。<br>(6)　活動方針は、携帯無線でも各出場隊に徹底する。<br>(7)　指揮本部長は、火災等の状況把握のため警防本部から要請があった場合又は必要と認めた場合は、情報管理カードを作成し、警防本部等に即報する。<br>(8)　指揮本部を設定した場合は、各隊に場所・位置を徹底する。 |
| 防止見込報告 | 1　防止見込報告は、指揮本部長が火勢拡大の危険がなくなったと判断した場合に報告する。<br>2　延焼の状況（延焼棟数・延焼階・延焼面積）を報告する。 |
| 防　止　報　告 | 1　防止報告は、指揮本部長が火勢拡大の危険がなくなったと判断した場合に報告する。<br>2　延焼の状況（延焼棟数・延焼階・延焼面積）を報告する。<br>3　構造・用途等に変更がなければ、「既報のとおり」として報告する。<br>4　転戦可能隊が把握できていれば、併せて報告する。 |
| 転戦可能隊報告 | 1　指揮本部長が活動状況を把握し、軽易な消防活動に従事している隊で、次の災害に出場できる隊と認めた小隊を報告する。<br>2　部隊縮小等の時点で、各隊の活動状況を個々に確認し、早期に引き揚げさせる。転戦可能隊について報告する。 |
| 転　戦　報　告 | 1　転戦可能隊で他の災害に転戦させた場合は、隊名を速やかに報告する。<br>2　指揮本部長は、携帯無線又は口頭で報告する。 |
| 鎮　圧　報　告 | 1　指揮本部長が有炎現象が無くなったと認めた場合に報告する。<br>2　鎮圧報告は、次の内容等について報告する。<br>(1)　所在、名称、構造、階層、用途、棟数、延焼階、延焼面積<br>(2)　責任者の氏名、年齢、職業<br>(3)　死者等の氏名、年齢、職業、責任者との関係等<br>(4)　罹災世帯・人員<br>3　鎮圧報告時には、残火処理隊名も併せて報告する。<br>4　その他<br>(1)　補給小隊は、災害の状況に併せて要請する（補給品名と数量）。<br>(2)　**個人のプライバシーに係わるもので、特に必要ある場合は、現場電話を活用する（通報電話番号の問い合わせ含む。）。**<br>(3)　鎮圧・鎮火報告は、時間的に長くなるため、適宜送信を中断し、至急報の割り込みに配慮する。 |
| 鎮　火　報　告 | 1　指揮本部長が、残火処理が完了し消防隊による消火活動の必要がないと認めた時点で報告する。<br>2　原則として、「鎮火」のみ報告する。ただし、鎮圧報告後、被害状況等に変更があった場合は、鎮圧報告に準じ、該当項目のみ修正報告する。 |

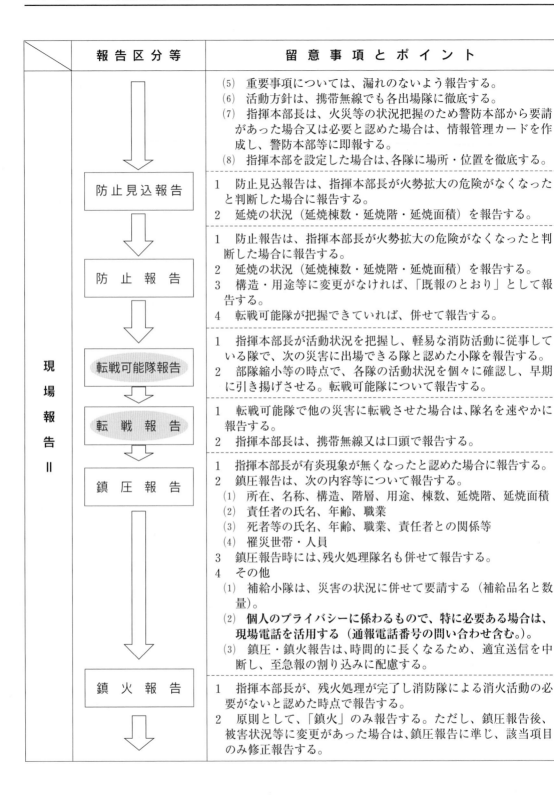

| | 報 告 区 分 等 | 留 意 事 項 と ポ イ ン ト |
|---|---|---|
| 調査報告 | 調 査 報 告 | 調査が完了した時点で、警防本部が指定した通信方法による。<br>(1)　死傷者の発生要因<br>(2)　延焼拡大要因<br>(3)　消防活動上の問題点<br>(4)　発見・通報・初期消火の状況<br>(5)　出火箇所及び原因<br>(6)　その他必要事項 |
| 引揚報告 | 引 揚 報 告 | 1　指揮本部長が部隊を縮小し、又は出場部隊に引き揚げを命令する場合に報告する。<br>2　関係隊長は、引き揚げの際、ほかの業務に移行する場合は必ず報告する。 |
| | 最終引揚報告 | 残火若しくは、調査のため活動していた隊が最終隊として引き揚げる場合に報告する。 |

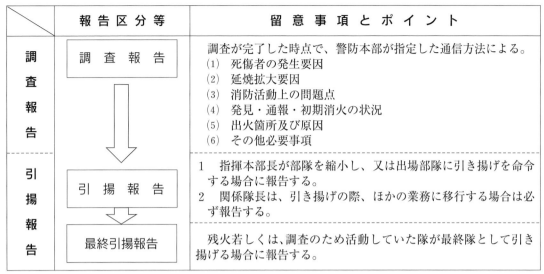

（注）網掛け及び太字部分は、重要事項を示す。

表2-9

現場報告事例

(注：無線通信用略号は省略)

| 項　　目 | 発生時間 | 災害概要 | 交　信　内　容 | 教　訓　等 |
|---|---|---|---|---|
| 指揮代行・救助報告要領が不十分だった事例 | 19時00分覚知 | 防火造2/0共住等 2棟 132m²焼損 | 19：04 ○○中隊現場到着－指揮代行 報告無し<br>19：08 2階逃げ遅れあり－情報源の報告無し<br>19：13 2階から逃げ遅れを1名抱え救出 | 1 最先到着隊の中隊長は、大隊長未到着の場合、指揮宣言を行うこと。<br>2 逃げ遅れの情報は、必ず情報源を付加すること。<br>3 救助報告は救出場所、方法、性別及びけがの程度等を確認後速やかに報告すること。 |
| 鎮圧報告まで逃げ遅れ情報の具体的な報告が無く、面積算定も不十分だった事例 | 3時19分覚知 | 木造2/0空家等14棟 1,224m²焼損 | 3：23 延焼中<br>3：26 第2出場<br>3：30 4棟220延焼中<br>3：35 6棟300逃げ遅れ1名 情報源は隣人<br>3：54 8棟500延焼中<br>4：27 火点訂正<br>4：49 11棟700で延焼防止見込み<br>4：56 11棟800延焼防止<br>5：28 11棟1,200鎮圧 逃げ遅れなし<br>7：32 13棟1,236m²で鎮火 | 1 逃げ遅れ等の情報がある場合は、最優先し、小さな情報でも徹底し確認すること。<br>2 火点訂正は、その後の部隊運用に影響を及ぼすことから、速やかに行うこと。<br>3 焼損面積の算定は、日ごろから算定の眼を養うこと。<br>4 消防力が劣勢の場合は、躊躇することなく応援要請をすること。 |
| 鎮火後約40分後に焼死者を発見した事例 | 5時45分覚知 | 防火2/0倉庫・共住等 143m²焼損 死者1名 けが人2名 | 5：50 ○○指揮南現場到着 延焼中<br>5：58 活動方針 東延焼阻止 要救助者の検索救助<br>6：03 木造2/0店舗・住宅70m² 逃げ遅れ けが人なし<br>7：09 鎮圧、鎮火 確認中の1名旅行中<br>11：00 火点建物1階 人体らしきものの発見 | 現場では要救助者の情報を入手していたが、警防本部に報告されていない。<br>1 危険側に立った対応を判断すること。<br>2 小さな情報でも警防本部に報告し、情報の共有による対応をすること。<br>3 鎮火後において追跡未確認者の検索活動をする場合は、必ず警防本部に報告すること。 |

| 項　　目 | 発生時間 | 災害概要 | 交信内容 | 教訓等 |
|---|---|---|---|---|
| 連続放火火災対応中に別件火災を発見し対応したが警防本部に報告がなかった事例 | 4時07分覚知 | 木造平屋　小屋裏　30m²焼損 | 3：24　第一火点　出火報<br>3：35　第二火点　二次火災第二出場<br>3：41　第三火点　二次火災第二出場<br>（第一次火点から転戦）<br>4：07　第四火点　大隊長判断　第二火点から転戦<br>＊4：07の時点では、第一火点鎮火、第二火点防止、第三防止見込みの状況であった。 | 1　指揮本部長は、対応中の直近に別件火災を発見した場合、出場可能部隊を早期に転戦させ対応させること。<br>2　別件火災を発見した場合は、早期に警防本部等に所在、名称、転戦隊、応援要請等を報告し迅速に対応すること。 |
| 先着中隊長、副署隊長の指揮代行、指揮宣言がなされなかった事例 | 13時57分覚知 | 防火2/0共住　86m²焼損　死者2名　けが人4名 | 13：57　指令　出向隊（6隊）無線により解信<br>14：00　119情報　逃げ遅れ2名<br>14：01　○○隊現着　○○延焼中<br>14：05　○○中隊長　第二出場要請　（後着隊）第二出場要請<br>14：14　指揮隊現着　指揮隊現着 | 1　指揮本部長として、指揮宣言を行い、指揮代行できるものは、積極的に指揮宣言をすること。<br>2　出向隊が有る場合、現着の順位が変わるので無線情報等から到着順位を予測し、自己隊の任務を確認すること。 |
| 増改築により面積算定が混乱し、防止見込みが早く、応援要請を躊躇した事例 | 10時48分覚知 | 木造1/0作業所等　13棟　946m²焼損　けが人4名 | 10：53　○○指揮現場到着　黒煙激し<br>10：56　大隊長　第2出場要請<br>11：04　〈上昇中　第2出場中<br>11：16　3棟180延焼中<br>11：32　4棟150延焼防止見込み<br>13：40　7棟300延焼中<br>15：51　8棟990鎮圧　13棟990鎮火 | 1　予防課と連携をとり、増改築等の情報を入手するとともに、警防調査等により把握しておくこと。<br>2　消防力が劣勢の場合は躊躇なく警防本部に応援要請を行うこと。<br>3　焼損面積の算定は、日ごろから算定の眼を養うこと。 |
| 大隊長、伝令、通信担当の意思疎通が無く、警防本部への報告が事務的だった事例 | 21時59分覚知 | 防火2/0　住宅等4棟　62m²焼損　死者1名 | 22：04　○○指揮、途上黒煙確認<br>22：05　逃げ遅れがある模様　情報源は隣人<br>22：09　1、2階50延焼中、逃げ遅れなし。情報源は居住者　大隊長第二出場要請<br>22：11　2階に逃げ遅れある模様<br>22：30　逃げ遅れ発見（社会死状態）<br>23：36　逃げ遅れ見込み（死者の報告なし）<br>23：39　4棟50で防止（死者の報告なし）<br>23：42　4棟50で鎮圧（死者の報告なし）<br>0：09　4棟50で鎮火　死者1名 | 1　逃げ遅れの情報がある場合は、この情報による確認がとれるまで安易に取り消すこと無く重要情報として取り扱うこと。<br>2　防止見込みから鎮圧まで1分から2分の間隔であり、現実的ではない。災害状況の推移をよく把握し、指揮本部長、伝令、通信担当が共通認識による現場報告をすること。<br>3　死者についての発見位置、性別、発見隊等が判明次第、速やかに報告すること。 |

| 項　目 | 発生時間 | 災害概要 | 交　信　内　容 | 教　訓　等 |
|---|---|---|---|---|
| 現場確認せず、「各隊現場待機」及び「死傷者なし」の報告をした事例 | 1時54分覚知 | 耐火造11/1複合 10階 20m²焼損 | 1：57　○○中隊　救助指定中隊出場<br>2：00　○○1小隊　現場到着「煙見えない、各隊現場待機」<br>2：02　○○1小隊「10階白煙噴出、延焼中」<br>2：15　○○指揮「逃げ遅れ　けが人なし」 | 1　現場報告は、到着した位置から視認した状況を具体的、描写的に報告する。<br>2　現場待機の命令は、指揮本部長が火点を確認した後とする。<br>3　逃げ遅れの報告は、情報源を必ず付加する。情報に基づく検索活動状況を併せて報告する。 |
| 応援要請の時機を失した事例 | 12時31分覚知 | 木造1/0工場・倉庫 950m²焼損 | 12：33　○○1小隊　現場到着「工場1棟、激しく延焼中」<br>12：42　○○指揮「危険物報告　フロンガスあり。」<br>12：51　○○指揮「黒煙無くなりつつあり、進入可能」<br>13：00　○○指揮「第二出場要請」<br>13：12　○○指揮「第三出場　化学機動中隊要請」 | 1　災害実態を確実に把握し、消防活動が優位に活動できるよう速やかに要請する。<br>2　常に危険側に立った、所要部隊の要請を行う。<br>3　隊員の安全を確保するため必要な部隊、資器材の速やかな要請をする。特に、夏期中、ビルや工場等で濃煙熱気がこもりやすいので冷却隊員が熱中症にかかりやすい。隊ベスト、冷水等を速やかに要請する。 |
| 延焼状況、要救助者の報告が二転三転した事例 | 3時39分覚知 | 耐火4/0複合 129m² 他4棟焼損 死者3名 けが人2名 救助3名 | 3：45　○○指揮現場到着「棟数不明　延焼中」<br>3：46　○○A「救急1隊要請」<br>12：48　○○指揮「耐火3/0 2、3階延焼中、3階ベランダから手を振っている。」<br>12：51　○○指揮「耐火4/0 2階50延焼中、4階ベランダに訂正」<br>12：52　○○指揮「耐火4/0 2・3・4階、100延焼中　逃げ遅れ4階を訂正。3階から救助隊により救助、屋上に逃げ遅れあり。」<br>12：52　○○指揮「逃げ遅れ　2階女性1、3階男性2あり。」 | 1　初期の情報収集の見誤りは、やむを得ないこともあるが、延焼実態、要救助者を的確に見極め、正確な現場報告をする。<br>2　要救助者、傷者が複数ある場合は、積極的に必要な救急隊を要請する。 |

## 2　伝令員の活動

　伝令員は、単なる大隊長の指示、命令伝達者ではない。時には大隊長の目、指揮担当の目、情報担当の目を持ち、適宜、的確な判断要素等を意見具申する者として活動すべきであり、災害経験とともに予防分野や消防戦術など広い知識が望まれる。

　伝令員は大隊長と行動を共にしていると思われるが、初期の段階では良いとしても中期以降は、災害の状況を確認しながら、指揮本部において指揮担当と協力し、部隊活動の把握、統制、早期の転戦可能隊の状況、活動予測等を大隊長へ報告をする。

　応援要請、鎮圧等の災害の推移を判断する時期などを適切に、大隊長に進言することも必要である（伝令は、現場板等を見ながら進言することができるため。）。

　伝令員は、現場板（指揮板の縮小したものなど）を携行し、災害の推移による情報把握に努め、大隊長への報告、通信担当等への連絡や現場の確認などを行う重要な任務である。

　（表2－10－1、表2－10－2伝令の現場板活用例及び写真2－32から写真2－39を参照）

表2-10-1 伝令の現場板活用例

| 所 在・名 称 | | 区 丁目 番 号 | | | |
|---|---|---|---|---|---|
| 状 況 報 告 | 構造<br>用途<br>階層 | 棟 ・延焼中<br>に危険大<br>ブロック（面・内・角） | | | |
| 活 動 方 針 | | 逃げ遅れの検索救助<br>隣棟への延焼阻止<br>上階への延焼阻止 | 安全管理の徹底<br>（燃え抜け、吹き返し、落下、ＰＳ、天井裏、壁間）<br>下階への水損防止 | | |
| | | 火元建物の火勢制圧・残火処理の徹底 | | | |

| 応 援 要 請<br>集結・部署位置付加 | | 第2 | R 隊 ・ A 隊<br>L 隊 ・ SS 隊 | 空 気 補 給<br>補 給<br>救 援 | 電 気<br>ガ ス<br>警 察 |
|---|---|---|---|---|---|

| 状況報告 | No. | 構造 | 階層 | 用 途 | 延焼階 | 延焼面積 | 世帯数 |
|---|---|---|---|---|---|---|---|
| | ① | | / | | F<br>F<br>F | ・<br>・<br>・ | 世帯<br><br>名 |
| | ② | | / | | F<br>F<br>F | ・<br>・<br>・ | 世帯<br><br>名 |
| | ③ | | / | | F<br>F<br>F | ・<br>・<br>・ | 世帯<br><br>名 |

| 指揮本部設定 | 東 西 南 北<br>現場救護所 | 路上・空地・駐車場<br>クリアゾーン |
|---|---|---|

周囲の状況

北

西 ←（火）→ 東

南

表2-10-2　伝令の現場板活用例

| 指令番地 | 区　　　　　市　　　　丁目　　　番　　号<br>（名称） | □　防止見込 | |
| --- | --- | --- | --- |
| | | □　防　　　止 | |
| 出火番地 | 区　　　　　市　　　　丁目　　　番　　号<br>（名称） | □　鎮　　　圧 | |
| | | □　鎮　　　火 | |
| 構造・用途等 | 耐火・準耐火・防火・木造・その他　　　　　　　　　　　　／<br>住宅・共住・店舗併用住宅・複合・　（その他） | | |
| 状況 | 延焼状況 | 棟　　　　　　　　階　　　　　　　　m²<br>視認の状況（火炎・黒煙・白煙）　　　　　　　延焼中／延焼危険小 | | |
| | 延焼危険 | 東　　　　西　　　　南　　　　北　　　　　　に延焼危険大 | | |
| | 建物周囲 | 東　　　　　　（間隔　　m）・西　　　　　　（間隔　　m）<br>南　　　　　　（間隔　　m）・北　　　　　　（間隔　　m） | | |
| | 逃げ遅れ（視認の状況） | （男　　名　女　　名　計　　名）<br>（情報源） | | |
| | 傷病者 | （男　　名　女　　名　計　　名） | | |
| | 火点位置 | ブロック　　面　　　　角　　　　中 | | |
| | 指揮本部 | 東・西・南・北　　　路上　・　空地　・　駐車場　・ | | |
| | 活動危険情報 | （位置）　　　　　　　　　　に（危険物）　　　　　　　　あり<br>（情報源） | | |
| 活動方針 | 人命検索救助・上階の延焼阻止・周囲建物への延焼拡大阻止・ | | |
| 応援要請 | 第2・R　　隊・照明SS　　隊・A　　隊・L　　隊・空気　　隊・YD　　隊<br>資材ST　　隊・化学　　隊・補給　　　隊・飛火　　隊・電気・ガス・医師<br>（要請理由）　　　棟　　　m²延焼中　　　要救助者多数（　　名）あり | | |
| 活動報告 ① | 耐火・準耐火・防火・木造・その他　　　／　　（用途）<br>建　　m²、延　　m²のうち　階　　m²　全・半・部・ぼや | 世帯　名 | その他焼損物件等 |
| ② | 耐火・準耐火・防火・木造・その他　　　／　　（用途）<br>建　　m²、延　　m²のうち　階　　m²　全・半・部・ぼや | 世帯　名 | |
| ③ | 耐火・準耐火・防火・木造・その他　　　／　　（用途）<br>建　　m²、延　　m²のうち　階　　m²　全・半・部・ぼや | 世帯　名 | |
| ④ | 耐火・準耐火・防火・木造・その他　　　／　　（用途）<br>建　　m²、延　　m²のうち　階　　m²　全・半・部・ぼや | 世帯　名 | |
| 合計 | 全焼（　　）・半焼（　　）・部分焼（　　）・ぼや（　　）・計　　棟　　m² | | |
| 備考 | | | |

## 〈伝令の現場板活用例〉

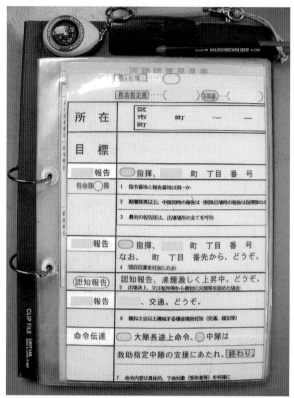

写真2-32　出場報告関係（無線略号は削除）

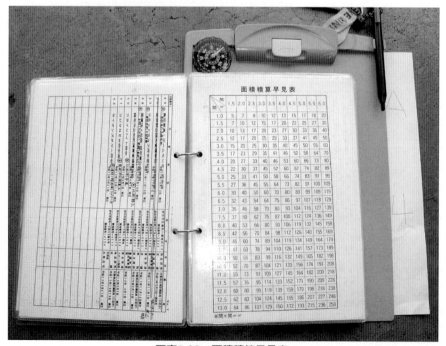

写真2-33　面積積算早見表

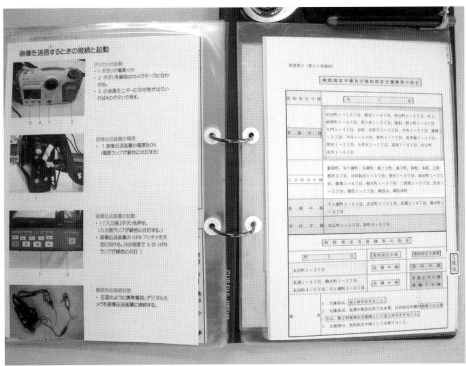

写真2-34　資器材の取扱い及び救助指定中隊指定区域表

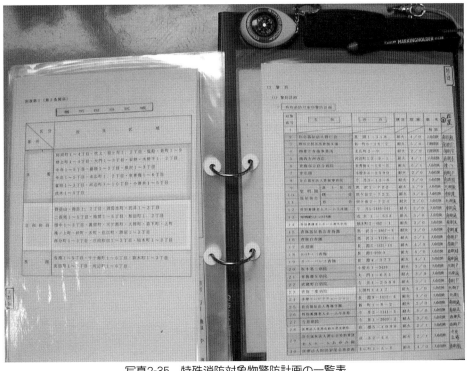

写真2-35　特殊消防対象物警防計画の一覧表

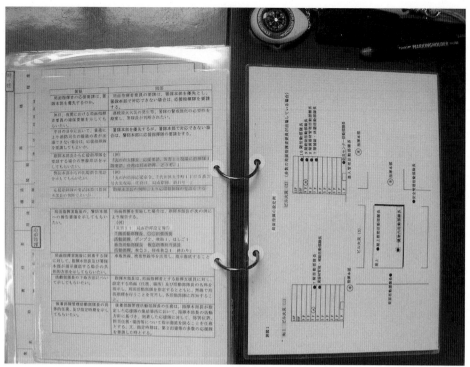

写真2-36　局面指揮者の設定関係

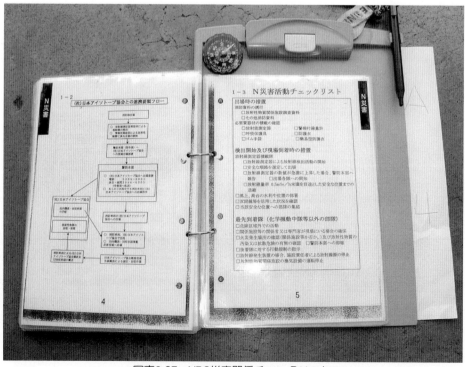

写真2-37　NBC災害関係チェックリスト

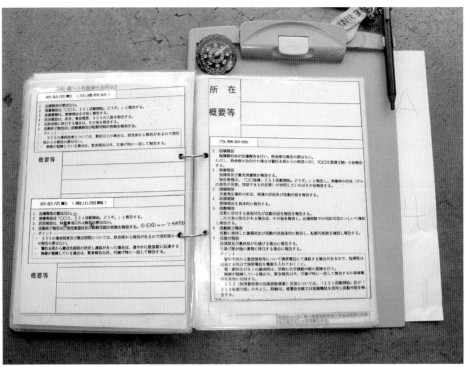

写真2-38　災害種別のポイント

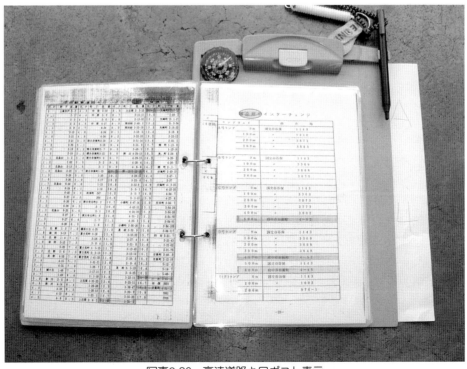

写真2-39　高速道路キロポスト表示

# 第4節　消防活動事例

## 1　多数傷病者発生事故を適切に対応した事例

### 1　災害概要

(1)　事故発生日時場所等

　　平成10年7月　　12時40分ごろ

　　S区立T小学校

(2)　災害種別・概要等

　　災害種別　救助活動（多数傷病者（63名）発生現場）

　　概　　要　校舎内において、児童63名が頭痛、目、喉の痛みを訴える症状が発生し、中等症5名、軽症者58名が救急隊等により15病院に搬送されたもの

　　原　　因　医師の診断結果から光化学スモッグによるものと推定された。

(3)　活動経過

　　発　　災　12時40分ごろ

　　覚　　知　13時59分（119）救急出場

　　応援要請　14時13分（救急特別第1・救急隊からの要請）

　　指揮体制　第1指揮体制14時13分

　　情報ルート　14時13分

　　活動開始　14時18分

　　活動終了　16時40分

(4)　気象状況

　　12時00分　曇り　気温32.5度　湿度56%　南東1.5m/s

　　　　　　　光化学スモッグ注意報発令中（11時20分発令）

(5)　出場隊

　　指揮隊4・ポンプ隊4・特殊化学車隊1・普通救急車隊15・特殊救急車隊1

　　補給隊1・防災機動車1・司令車隊等4・人員輸送隊3　　　　　計34隊

　　出場人員

　　消防隊員127名　団員3名

(6)　発見・通報状況

　　ア　発見状況及び経過

　　　発見者　T小学校A養護教諭

　　　(ア)　12時40分ごろ、1階保健室へ6年生の男子3名が目の痛み、息苦しさを訴えてきたの

で、うがい及び洗顔をさせ容態が回復したと判断し教室へ戻した。

　㈤　13時05分ごろ、A教諭は、昼食を済ませ保健室へ戻ると7、8名の生徒が喉、目の痛み、息苦しさを訴え床に座っていた。

　㈥　時間経過とともに、同じ症状を訴えた多数の生徒が保健室に集まった。

　㈦　A教諭は、生徒の症状が過呼吸状態であることから、校医に電話で相談したところ救急車を要請するよう指示を受け、B校長に報告した。

　イ　通報状況

　　通報者　T小学校C教諭

　　B校長から指示を受け「T小学校生徒が過呼吸」と119番通報した。

⑺　発病者

　10時45分から12時20分までプールで水泳を行った6年生100名の内、水泳中の55名が発症、他に2・4・5年の生徒計8名が発症した。

2　活動状況

⑴　先着救急隊

　F救急隊が到着すると案内人がおり、状況聴取をすると「保健室に生徒がいる。」との回答であった。

　救急隊長が保健室に至ると室内に約40名の児童が毛布に包まれ、約10名が座位及び側臥位で多くの児童が泣いている状態であった。

　救急特別第1出場を応援要請し、後着隊の進入路は東側とした。

⑵　指揮活動

　ア　後着の救急2隊をトリアージ隊として下命、現場救護所を校舎1階保健室に指定。

　　傷病者搬出路は、校庭側保健室出入口、現場指揮本部は校庭保健室出入口前、出場隊進入路は東側出入口、救急隊搬出路は西側出入口とした。

　イ　救急指揮隊長は、現場到着した情報指揮隊長が担当し、現場指揮本部で救急指揮活動を実施した。

　ウ　ポンプ隊には担架隊として傷病者の収容活動を下命、化学機動中隊には発症原因究明の活動を下命した。

　エ　活動経過とともに傷病者増加、傷病程度から人員輸送車による多数搬送が効果的であると判断し、現場警察官に人員輸送車の先導を要請した。

⑶　結　果

　警防本部、署隊本部、現場指揮本部の効果的な連携により、活動を開始してから63名の傷病者を15病院に収容し、活動終了まで2時間22分であった。

　なお、発症原因については、現場では確認できなかった。

3　教　訓

⑴　発生地の地理状況を把握しており、出場隊の順路、救急車の搬送路の指定が的確であった。

⑵　多数の搬送手段として、人員輸送車を早期に要請したこと。現場救護所を保健室に指定し傷病者搬送口を1箇所として確実に現場指揮本部（救急指揮所）を通過させ傷病者の把握を確実にした。

(3) 時間経過とともに、保護者が現場指揮本部に詰め掛けたが、保護者の対応を校長に依頼し、保護者を教室内に収容させ、児童の搬送先病院等を教室で発表し混乱を避けた。

(4) 警防本部、署隊本部、現場指揮本部、警察署、保健所等との連携が適切に行われた。また、医師等を署隊本部から医師会、保健所、教育委員会等へ要請を行い、活動した。

(5) 光化学スモッグ注意報が発令されていたことを把握していなかった。

当区は光化学スモッグ発祥の地であり、当区の地域防災計画に対策が策定されていたが把握していなかった。

## 2 緊急確認現場で普通出場を要請した事例

### 1 災害概要

(1) 火災発生日時場所等

平成 8 年12月 （金） 5 時40分ごろ

M市 S 町○丁目

【建物概要】

有料老人ホームに会員制スポーツクラブが併設されている複合用途建物（特殊消防対象物 耐火12/0 24,530㎡ 令 8 区画） 老人ホーム入居者117名

(2) 活動経過 覚 知 5 時44分（緊急確認）

延焼中 5 時56分（普通出場）

鎮 火 8 時13分

(3) 出場隊 特命（緊確）：P1 YD 1

第 1 P6 L1 A1 YD1

特命 SS1 ST1 CX1 R 1 YD1 SF1 等

(4) 焼損程度等

耐火3/0複合用途（スポーツクラブ）5,948㎡のうち 1 階、床面積289㎡ 表面積289㎡焼損

けが人なし 老人ホームからの避難誘導 2 名 自力避難47名

(5) 普通出場要請に至った経緯

ア 到着時、火煙等は確認できず老人施設の職員の案内で、同施設の 1 階、防災センターに設置してある自火報受信盤を確認したとろ「スポーツ棟」を表示していた。

イ スポーツクラブはすべて施錠されており、内部確認ができず警備会社の到着を待った。

ウ 機械室のキュービクルの異常表示があったことから、職員の案内で 1 階北側の機械室を確認したが異常はなかった。

エ 機械室から屋外に出ようとした直前、老人ホームに面したスポーツクラブ入口のガラス戸が爆裂的に破壊され、黒煙と熱風が噴出してきた。

オ スポーツクラブ内の火災を認知し、警防本部に普通出場を要請した。

(6) スポーツクラブの概要

1 階は事務所、ロビー、レストラン、プール等が、 2 階はマラソンジム、 3 階はテニスコートがある。開口部が少なく、昼間でも内部の状況が確認しにくい状況である。

夜間は警備会社が警備し施錠管理している。

(7)　出火原因

　　電線の接続部分が緩んで発熱し、絶縁が劣化して電線が短絡し発火、配線に接していた木製のブロック床材に着火して火災に至った。

2　問題点

(1)　過去にも数回、自火報の誤発報があった。

(2)　爆発的な火災であったにもかかわらず、活動（進入）統制が遅くなった。

(3)　火災の様相（火点、延焼状況等）把握に時間を要した。

3　教　訓

(1)　自火報の発報鳴動時における緊急確認は、必ず火災発生があるとの認識をもち活動にあたる。

(2)　暗くて内部の状況が確認できない場合でも、五感を働かせささいな異常も見逃さない心構えをもつこと。

(3)　延焼実態の把握が困難な場合でも、外から見た状況や、なぜ確認困難なのか、また、現在どのような活動をしているのか等、適切に警防本部へ報告して連携活動を行う必要がある。

(4)　応援要請（第2出場等）は時期を失することのないよう早期に要請する。消防活動に長時間を要する場合は、交替要員として要請することも必要である。

(5)　延焼実態が不明の場合は安易に進入することなく、援護注水の下、不測の事態への万全の態勢をとり進入する。

(6)　安全監視員（安全管理隊等）を配置し、火災の動向に注視する。

(7)　活動方針は、具体的かつ明確に示し徹底する。

(8)　吸気側、排気側を明確にして徹底する。

(9)　署隊本部と連携し活動に必要な資料（図面等）を早期に現場に届けさせる。また、署所が近ければ取りに行く。

## 3　高所から災害の実態把握を行った事例

1　火災概要

　　防火造2階建て食品工場兼倉庫の1階外壁部分の電気配線工事中、火花が壁内を伝わり小屋裏が広範囲に延焼したもの。

　　建物は、昭和40年代に建築されたもので天井は長いとび口でやっと届く高さにあり、小屋裏も人の背丈ほどの高さに食品梱包用のダンボールやビニールひもが積み上げられていた。

(1)　指揮隊が南側に到着すると下屋から噴出した黒煙で屋根部分は全く見えなかった。

(2)　2階の室内に入ると熱気を強く感じたが、火炎は見えなかった。

(3)　火点及び延焼範囲を確認したが、路上や建物内では特定できなかった。

(4)　大隊長、各隊長も実態がつかめず困惑した。

(5)　外周は、高い万年塀と空き地で囲まれており、隣棟への延焼危険は確認できなかった。

(6)　全体の面積を確認するため、小走りで建物周りを歩測した。

(7)　周囲を見渡すと西側に10階建てのマンションが隣接していたので、4階まで駆け上り、階段部分から火元の屋根部分を確認すると、10m四方が抜け落ち火煙が噴出していた。

(8)　大隊長、各隊長に燃焼状況を知らせるとともに、進入方向（目標）を指示し連絡を取りなが

　ら包囲完了した。

2　教　訓

　　状況確認困難な場合は、隣棟の高層建物等なるべく高い場所から全体を確認すると現場が把握
できることから、俯瞰できる場所を活用する。

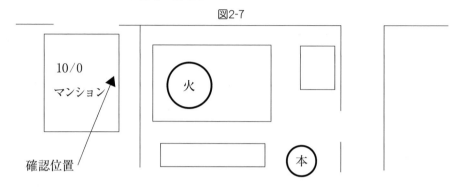

図2-7

## 4　指揮隊が先着し対応した火災事例

1　火災概要

　　共同住宅の火災に指揮隊が先着すると付近住民が騒然としており、火の粉が南側へ飛んでいた。
防火造2階建て、共同住宅1、2階が延焼中で隣棟に危険大であった。

2　活動状況

　⑴　「水を早く出せ。」「何で水を出さない消防車が先に来るのか。」等、付近住民の罵声が飛び交
　　う中、ポンプ車からのホース延長が早く延長されることを待ちながら、情報収集した。

　　　　拡声器で「別の火災が発生しており、ポンプ車が少し遅れます。火の粉が飛んでいるので、
　　家に戻り周囲の燃えやすい物を片付けてください。」と走りながら呼びかけると住民が自宅に
　　戻るために駆け出し喧騒が少し収まった。

　⑵　逃げ遅れについて確認すると西側隣棟1階に寝たきりの老人がいる旨の情報が入った。

　⑶　指揮隊員2名で西側隣棟1階に向かうと寝たきりの老人がいる部屋の天井を煙が漂っている
　　状態であった。

　⑷　老人をシーツに包み路上まで搬出すると、消防は水を出さなくても活動していることを分か
　　ってくれたのか、その後住民からの罵声は全く聞こえなかった。

　⑸　老人を搬出する間、伝令がその活動状況を広報した。

3　教　訓

　　指揮隊あるいは放水できない消防車が先着した場合、住民の理解を得る活動等が必要である。

図2-8

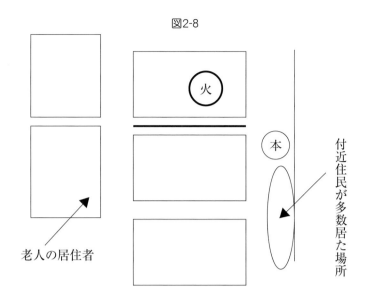

老人の居住者

本

付近住民が多数居た場所

## 5　活動統制を下命した事例

1　火災概要

(1)　概　要

　　精神的な病気のため病院に通院中の男が、自宅アパートの自室にて自殺目的のため、漂白剤等の混合による塩素ガスを発生させたが効果がなく、自室に灯油を撒いて放火した。

　　エアガン及びアイスピック等の凶器により家族・親族に切りつけ5名を受傷させ、さらに、火災のため居住者の女性が死亡した。

(2)　火災発生日時・活動経過等

　　ア　出火日時　平成2年10月　1時12分ごろ

　　　　　　　　　　　　　　　　1時09分　救急要請「○○方急病人」

　　イ　覚　知　　　　　　　2時18分（救急隊からの報告）

　　ウ　鎮　火　　　　　　　4時56分

(3)　焼損程度

　　①　防火2/0　共同住宅建て76㎡　延べ182㎡のうち1・2階110㎡半焼

　　②　防火2/0　住宅建て27㎡　延べ54㎡のうち2階24㎡半焼

　　　　計　2棟13㎡焼損（第1指揮体制）

(4)　死傷者

　　ア　火災による死者　1名

　　イ　傷害による傷者　5名

2　活動状況

(1)　現場は、消防署から直線で約500mに位置する閑静な住宅地で、幹線道路から東方向に200mほど奥まっており、路地に進入すると、火点方向は炎が夜空を焦がすように激しく噴出していた。

(2)　「拳銃を持っている模様。」との付加指令により、大隊長は「現場の活動統制」の途上命令を

　　出した。

(3)　100mほど手前に指揮隊は停車し、携帯無線も使い行動統制したが、東側から進入した隊以外は、このことを受信できずに活動を開始した。

(4)　警察官により男が逮捕されたことを確認し、規制を解除した。この直後に、逃げ遅れがいるとの情報を入手した。

3　教　訓

(1)　出場指令はもとより、付加指令も重要視する。

(2)　危険情報、活動規制等は繰り返し行うとともに、必ず解信をとる（解除の場合も同じ。）。

(3)　(2)の場合、具体的に理由を付加する。

(4)　応援要請（第2出場）の考慮をする。


## 6　一挙に延焼拡大した火災事例

1　火災概要

(1)　概　要

　　防火2階建ての1階部分5㎡焼損で鎮圧報告後に、壁体間に残っていた火が一挙に延焼拡大し、2階部分を更に30㎡焼損して鎮火した火災。

(2)　火災発生日時・活動経過等

　ア　出火日時　平成9年3月　　7時07分ごろ

　イ　覚　　知　　　　　　　　7時09分（119）

　ウ　鎮圧報　　　　　　　　　7時49分（1階5㎡天井10㎡）

　エ　延焼拡大　　　　　　　　8時07分（1階天井の南側へ拡大）

　オ　鎮火報　　　　　　　　　9時26分（1・2階35㎡小屋裏10㎡）

(3)　焼損程度

　　防火2/0、1階事務所2階住宅、建て面積97㎡延べ面積189㎡のうち1階5㎡2階30㎡、小屋裏10㎡　計1棟35㎡小屋裏10㎡部分焼（第1指揮体制）

(4)　死傷者

　　なし

2　活動状況等

(1)　現場到着時の状況及び活動概要

　ア　指揮隊と同着した救助指定中隊により1線火点室へ延長、後着隊が2階へ延長した。

　　　1階－1口活動、2口警戒

　　　2階－2口活動　　　　　　　　計　3口活動、2口警戒

　イ　火点室にA中隊長、2階2部屋にB中隊長とC中隊長をそれぞれ配置する。

　ウ　鎮圧報告後に一挙に延焼拡大した。

(2)　延焼拡大時の状況

　ア　焼損した箇所以外に1・2階ともに全く煙等は見えず、鎮圧報告をした。

　イ　更に状況確認中、1階火点室にいたA中隊長から「1階天井裏（2階押入れ部）に残火あり。」の連絡あり。

　　ウ　確認すべく火点上階（６畳和室）に至ると、煙はなく押入れの下部に「チラチラ」と燃える、残火を確認した。

　　エ　前ウの場所を確認中、同行したＡ中隊長の怒鳴り声で顔を上げると、急に頭上に黒煙が吹き出ていた。

　　オ　直ちに出口に向かうと、部屋中に黒煙が瞬時に充満した。

　　カ　階段に至った時点で、頭上を黒煙とともに炎が走った。

(3)　延焼拡大の原因

　　ア　壁体構造が完全密閉のため、局部的な破壊はあっても、壁体間の防音、断熱材及び木材は燻焼していたものと推定される。

　　イ　１階の天井部を火が伝って２階押入れ部の壁間を燃え上がり、更に、２階天井部へ至ったものと推定される。

　　ウ　２階の天井裏は空間が大きいことから、ここで空気と混合したものと推定される。

3　問題点

(1)　火点室及び上階の一部が焼損しているのみであったことから、隣室や火点上階の壁体・天井等を破壊しての確認が遅くなったこと。

(2)　壁体間の焼損（燻焼）が、進行していたこと。

(3)　建物自体が完全に密閉されており、屋根下部等から煙が出ないため、外部からの視認が困難であったこと。

4　教　訓

(1)　煙の色、量など状況の変化を的確に判断し、迅速に対応する。

(2)　壁体間は密閉空間であるが、内側には防音・断熱材及び木材等の可燃物があり、燃焼していることがある。

(3)　最近の建物は、密閉性が極めて高いことから、煙が見えないから延焼していないとの判断はしない（煙が見えなくても油断しない。）。

(4)　確認すべき場所（箇所）は、躊躇することなく破壊等をして確認する。赤外線熱画像直視装置等を活用する。

(5)　鎮圧後の活動は、消火活動の中でも極めて重要であり、気を抜かない。


# 7　地下１階の火災で進入管理を徹底した事例

1　火災概要

　　電気配線を焼損した火災で延焼は緩慢であった。煙が出てきたり、弱くなったりの繰り返しで進入口は１箇所、商用電源は通電されていない情報であった。

(1)　部隊運用（部隊管理）

　　最先着中隊を一次活動隊として、50mmホース１線で火点まで進入、同第２線は階段途中で警戒、二次活動隊は交代要員として地下進入口で待機した。

　　さらに、緊急事態対応の三次活動隊を後方待機させ、活動方針並びに活動計画を下命し部隊統制を行った。進入口統制者（所轄大隊長）を設定し、二次、三次活動隊の統制は情報指揮隊が担当した。

(2)　進入統制（時間管理）

　　一次活動隊の活動時間管理を行い、一次活動隊の脱出者を確認後、二次活動隊活動開始した。二次活動隊の消火で鎮圧し、鎮火確認は特別救助隊とともに行った。

(3)　行動統制（行動管理）

　ア　個人装備の着装状況の確認

　イ　空気呼吸器の機能確認の徹底

　ウ　活動隊の進入動線は階段1箇所

　エ　行動範囲は検索ロープ内

2　教　訓

(1)　隊員は、空気呼吸器の警報機が鳴動しても数分は活動できるという意識があるため、脱出を下命しても完了するまでに時間を要した。平素から、脱出命令時は速やかに行動するよう教育する。

(2)　関係者に出火位置を質問すると、煙のある危険な区域まで案内しようとしたので引き返すことを指示した。関係者は早い消火を願っているため、煙の危険性等を考えていない。


## 8　情報を過信することなく人命検索した事例

1　火災概要

　　簡易耐火2階建て、倉庫の階段は1箇所、消防隊到着時、1、2階延焼中で2階は最盛期、屋外車両3台延焼中であった。焼死した者の自損行為が原因であった。

(1)　倉庫内には灯油2缶、シンナーが若干ある。

　　内容物は不要になった日用品等を主に保管しており、人は住んでいないとの関係者情報であった。消防活動中に小爆発が3回あった。

(2)　普段、置いていないという車両が止めてあることに疑問をもち、関係者に情報を追及したところ、以前社員として勤務していた者が灯油を持って出かけたとの情報を得た。

　　活動方針を火勢制圧から人命検索に変更し、倉庫内の収容物が多かったため、落下物を手でかきだし、排除中に焼死者を発見した。

2　教　訓

(1)　逃げ遅れの検索のため、倉庫内にあった多量の収容物、堆積物の屋外搬送に時間を要した。

(2)　普段、人が住んでいない建物であっても、過信することなく徹底した情報の収集と人命検索をする。


## 9　威圧的態度をとる関係者に対応した事例

1　火災概要

　　K区S町一丁目耐火7／0複合用途対象物の3階共同住宅で2名の死者が発生した昼間の火災で、先着隊のR隊が延焼危険の大きい火点室東側の隣室を確認するために、玄関ドアーを破壊し内部進入した。内部を確認した結果、逃げ遅れ者はなく、居室の一部が若干焼損していた。

　　火災が鎮圧するころ、部屋の関係者が現場指揮本部の所へ来て、「部屋は燃えていないのになぜドアーを壊したのか。」と問い詰めてきた。

指揮担当が状況を説明し、その後大隊長が同じく状況を説明したが相手側は納得しなかった。やがて数人の威圧的な態度の関係者が現場指揮本部の所へ集まってきた。

　大隊長は数人の関係者を別の場所に移動し、状況を説明したが理解されなかった。そのため大隊長は、関係の責任者（幹部）を呼んでもらい、説明の相手を責任者に変え、責任者と一緒に現場を確認しながら状況を説明したところ、理解を得るとともに数人の威圧的な態度の関係者も納得した。

2　教　訓

(1)　大隊長（指揮本部長）は現場で威圧的態度をする関係者に対しては、個々に対応することはせずに、責任者等を確保し、警察官立会いの下、責任者等に対して状況を説明するなどの対応を行い、早期に解決する。

(2)　先着隊の隊長判断として、局部破壊はトータル被害の軽減を考慮する。現場の状況によるが、玄関ドアよりもベランダ側の窓ガラスの一部を破壊して内部確認をすることで被害の軽減になる。

## 10　入念な残火処理を行った事例

1　火災概要

　第2出場を大隊長が要請した、住宅・倉庫等3棟約250㎡程度焼損した火災で、鎮圧状態から、鎮火報に移行すべく各焼損物件等の確認作業中、署隊長から別の事項を受命した。

　同時進行できないため、信頼できるベテランの中隊長に③建物の鎮火状態を確認するよう下命した（自分が一度は鎮火状態を確認していた建物であった。）。

　当該中隊長から、「異常なし。鎮火状態を確認した。」旨の報告を受け、最終的に「鎮火報」を警防本部に報告し、最終引き揚げのポンプ隊と一緒に引き揚げようとした時、何か気になり再度、指揮担当と③建物に行き、半焼した住宅を点検しながら2階の押し入れを開け内部を確認してみると、かすかに赤い燠き状の火種が残っているのを発見した。

2　教　訓

(1)　最終引き揚げ直前のポンプ隊から、再度、ホース一線を延長させ残火処理を行った。

(2)　この教訓から、必ず鎮火は自分が納得するまで、自分の目と手で確認することとした。

(3)　更に熱画像直視装置等、残火確認に必要な資器材を有する特別救助隊などを待機させ、機器の測定でしか確認ができない場所の残火を徹底して確認する。

　各隊ともに火勢が制圧すると「ほっと」安心し、疲れと安堵感から、活動範囲が狭く残火処理がなかなか進まず、救助指定中隊（又は署所受け持ち中隊）のみが実施している。火勢制圧状態になった時点で必ず中・小隊長を指揮本部に集め、各隊の担当区域を具体的に指示する。

　夏季は、努めて交代要員を確保して、適宜な時期に交代させながら、効率的な残火処理を図る。

## 11　鍵の業者の活用及び署隊本部と連携した事例

1　鍵の業者の活用

　　年末の時期にワンルームマンションで「ドア施錠中。内部急病人」の救助活動があった。出入口はすべて施錠され、煙・臭気等は一切無いものの、何らかのベル音がしていた。隣室の協力を得て音色を確認すると、インターホンの発信ボタンを「押下」して出る音色であった。

　　消防隊は内部を確認しないまま引き揚げるわけにもいかず、臨場した警察官に事情を説明し火災の可能性はないが、事故等の可能性等を説明したところ、警察官が管理会社に電話連絡をした。

　　管理会社が費用を負担することの了解を得たことから、警察から「鍵の専門業者」に連絡し、ドアを開放したところ、室内は「無人」であったが、壁付きのインターホンが何らかの原因で落下し、偶然にボタンが押された状態であった。

　　なお、引き揚げ時の施錠も警察立会いで業者が実施した。

2　署隊本部と連携した事例

　　署隊本部機能が強化され、統括班長が活動しており、「災害時要援護者情報」などの情報を指揮隊及びポンプ隊へ積極的に提供することが重要である。署隊本部からの情報は、該当者がいる場合は情報担当に必ず確認させ、積極的に出場隊へ周知する。

　　事例は少ないが、到着前に一人暮らし老人情報を入手することで、その後の活動に大いに役立った。結果的には一人暮らしの女性が焼死した火災であったが、筒先と検索員を集中させて早期に発見した。

## 12　消火活動中に重量シャッターが作動した事例

1　火災概要

　　平成9年〇月、A区B町で発生した準耐火2階建倉庫、建365㎡、延635㎡のうち1階内壁25㎡、他に車両2台、フォークリフト1台、住宅用資材が焼損した建物火災である。

2　活動状況等

　(1)　消防隊到着時の状況

　　ア　倉庫1階周囲の窓等から黒煙、熱気が噴出し、火点は1階で延焼拡大中の状況であった。

　　イ　倉庫への搬入口は北側で道路に面し、倉庫の東、南、西側には共同住宅、一般住宅等が隣接して延焼危険があった。

　　ウ　搬入口は重量シャッター（水圧による開放装置なし。）が2面降りて、西側入口ドアは施錠されていた。

　　エ　西側入口ドア先の倉庫内には住宅用資材が積まれているとの状況であり、そこからの消防隊の進入は困難な状況であった。

　(2)　消防隊の活動

　　人命検索救助、延焼拡大防止を活動方針とし、北側の搬入口を進入側、南側の窓を排煙側として、特別救助隊にシャッターの切断、ポンプ隊に北側からの筒先進入と倉庫開口部への警戒筒先を下命し活動した。

　(3)　シャッター上昇の状況

　　シャッター（高さ4m×幅7m）の前に筒先を2口配備し、エンジンカッターで切断しよ

うとしている時、何らかの原因でその重量シャッターが突然上昇した。

⑷　シャッターの上昇原因

　　鎮火後に状況を確認すると、建物内に収納されていた住宅用資材の塩化ビニール製パイプが火災により燃焼し折れ曲がり、シャッターの上昇ボタンを押したためと判断された。

⑸　過去における類似事案

　ア　平成 7 年○月、C 区 D 町、耐火造 4 ／ 1 作業場兼倉庫1,446㎡のうち 1 階260㎡、天井80㎡、他に防火造 2 ／ 0 作業所兼住宅492㎡のうち200㎡焼損した火災で、消防活動中に火元建物のシャッターが何らかの原因により上昇した。

　イ　平成 9 年○月、E 区 F 町、倉庫 1 階80㎡が焼損した火災で、消防活動中に何らかの原因によりシャッターが上昇及び下降した。

　　　なお、いずれもその原因は火災の熱によりシャッターの配線被服が溶解したため、上昇又は下降のスイッチが入った状況になったと推定される。

3 　教　訓

　本事例は、非常に確率の少ない状況によりシャッターの上昇が発生した。

　このような類似の事案から、消防隊が消火活動のために重量シャッター（電動）部分から進入した場合、火災の状況によりシャッターが下降し、消防隊が火災建物内に閉じ込められる可能性があることから、進入時には万が一に備え消防隊が脱出できる対応を考慮しておく必要がある。

## 13　広聴事案に適切に対応した事例

1 　火災概要等

　　T 区 R 町二丁目、防火 2 ／ 0 の共同住宅で夜中の 1 時ごろ発生した延焼火災で、第三到着のポンプ小隊が火元建物西側に隣接する駐車場をホース延長してきたが、高さ 2 m の塀があったため進入できなかった。

　　三連はしごを搬送しようとしたが、駐車場にライトバンタイプの車が駐車していることから、その車両に上がり塀を乗り越えホース延長をしてしまった。

　　活動終了後、隊長は駐車場の車両を確認したが汚れているだけで、変形損傷はないと思い、大隊長へ報告をしないまま現場を引き揚げた。

　　翌日、自動車の所有者から「私は火災現場を最初から見ていたが、車を踏みホースを延ばした。そのために車のボンネットが凹んでしまったのに、消防は何も謝りに来ないのはどうしてか。後で修理代を請求するから払って欲しい。」との電話が有り、大隊長と警防課長が現場に直行した。

　　大隊長が確認すると、若干の凹みがあり損傷している事実があったので、車両の所有者（会社の社長）に状況を説明し謝罪をした。最初は、かなり興奮しており聞いてもらえなかったが、大隊長が誠意をもって説明したところ理解を示していただき解決をした。そのときに「活動終了時に一言声を掛けてくれれば電話もしなかったのに。」と言われた。

2 　教　訓

⑴　隊長、隊員は活動終了時には、自己隊が活動した場所を確認してから現場を引き揚げることを習慣にする。

⑵　各隊長は隣接する建物等を利用した場合は、損傷の有無にかかわらず関係者に言葉を掛ける

とともに、大隊長に報告してから現場を引き揚げる。報告を受けた大隊長も関係者に言葉を掛ける。

(3) 大隊長は各隊が活動した現場周辺を最終的に確認する。特に、ホース延長やはしごを架梯した場所は入念にチェックする。

(4) 消防活動中及び活動終了時の活動や発言が事後に大きく影響することを常に意識して行動すること。

## 14 消防活動時の安全管理に関する事例

### 1 2階からの落下事例

防火2階共同住宅の2階出火の火災で、煙が充満している部屋にベランダから進入したはしご隊員が姿を消したと思った瞬間に1階に落下した。

進入した部分の畳には焼損はなかったが、約1.5m先が直径70cmの燃え抜けがあり、落下したものである。幸いにもけが等はなかったが、安易に煙の色から判断し、筒先を持たずに確保ロープもつけず進入し、落下したものである。以後、進入する際は足元を十分に確認させている。

### 2 活動統制が必要な事例

耐火5階、共同住宅の3階から出火した火災で、先着隊は玄関ドアを切断していた。

後着隊は3階に三連はしごを架梯し、進入しようとしたところ内部から火煙の噴出があり、煽られる状況であった。しかし、三連はしごが開口部正面ではなく、戸袋に架梯していたことで受傷事故に至らなかった。

これを教訓にベランダへの三連はしご架梯は開口部を避けるよう指示している。さらに、玄関側とベランダ側の両方向からの活動を統制している（一方攻撃、他方警戒の原則）。

### 3 安全管理奏功事例

大規模事務所の火災において、火点階及び上階の出勤者を食堂等に誘導し、鎮火まで待機させた。延焼は阻止されていたが、内部進入に時間を要する火災であった。上階は煙の流入していない事務室もあり、出勤した社員は火災の発生や焼損等の状況が理解できないようであったが、安全を第一に避難させて傷病者の発生を防止した。

## 15 現場で隊員を探した事例

### 1 活動概要

N署で危機感をもった事例として、延焼火災に出場した現場で消防隊員のけが人が発生した。

各中小隊長へ指揮本部長から隊員の安全を確認するよう下命があったため、すぐに隊員を現場で確認したが1名が見つからず、必死で探したところ、本人は隊長へ報告せずに呼吸器のボンベ交換に行っていた。

### 2 教訓

現場において、隊長は隊員の行動を掌握し管理するが、平素から隊員には小隊や部隊組織から離れる場合は、必ず隊長又は同僚隊員に連絡して所在を明確にすることを強く教育すべきである。

## 16　安全管理などに特に配意した火災救助事例

### 1　火災概要

　　平成14年○月、日曜日の深夜、2時36分覚知のS区K町三丁目の老朽化した長屋、住宅などが密集した地域でブロック内火災が発生した。

　　この地域は、道路狭隘、一方偏集地域という悪条件が重なった活動困難区域であり、4棟414㎡焼損し、逃げ遅れ1名を救助した（図2-9、図2-10参照）。

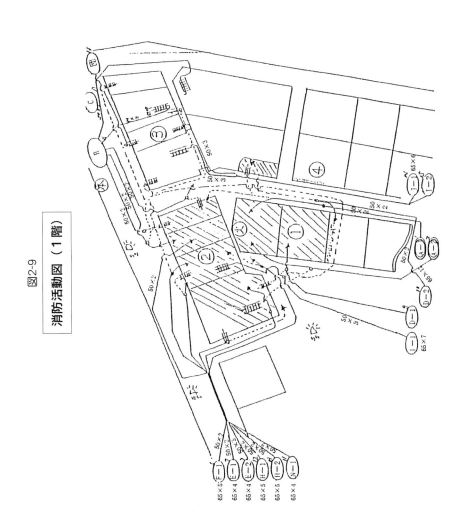

図2-9

消防活動図（1階）

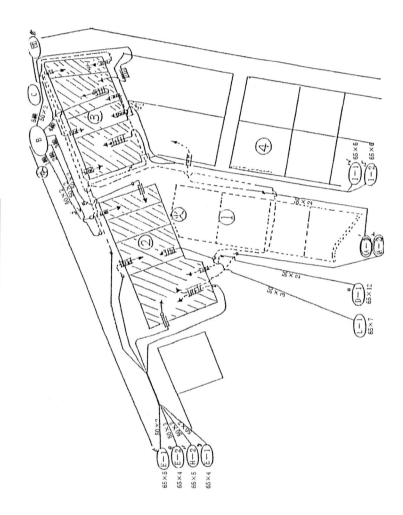

図2-10

消防活動図（2階）

2　活動状況

　(1)　指揮活動

　　本火災に大隊長として出場、指揮隊到着時、出火建物の木造長屋住宅（空家）は、既に屋根が燃え抜け最盛期の様相を呈しており北、西へ延焼拡大中であった。

　　伝令に、「面積不明なるも 3 棟延焼中、第二出場、ブロック内火災、各方向危険大」を報告させると共に、先着の T 中隊長に「空家という情報があっても中に人のいる可能性あり、人命検索と火勢制圧」を命じ、延焼状況の確認に当たった。

　　②、③建物も既に延焼中で、到着時、3 棟と見えたのは 4 軒長屋の細長い店舗併用住宅であった。

　　延焼範囲が 3 方向に広いことから指揮担当と分担し、商店街に沿って西側の延焼状況を確認するも、熾烈な火炎に通路（2 m）の通行ができず、奥行が分からないまま自分の歩幅で算定し、「3 棟200延焼中」と報告したが、老朽化した長屋住宅の延焼の速さを実感した（写真 2 −40、写真 2 −41参照）。

　　現場指揮本部の位置も決定できない程の濃煙、輻射熱にさいなまれながら、火点北側に到着すると第 2 着隊の M 中隊長から「北の隣棟②建物 2 階に逃げ遅れ女性 1 名あり、情報源は、隣に住む消防団員」という情報を得た。

　　情報源である消防団員に聴取すると、更に「高齢で自立歩行不能」という状況から、直ちに、M 中隊に「②建物、2 階の逃げ遅れの検索救助」を下命、深夜帯であることから、「逃げ遅れの検索救助最優先、周囲への延焼阻止」を活動方針に消防活動を展開した。

　(2)　消防隊の活動

　　一方偏集地域で出場各隊が西側に部署する状況で、M 中隊だけが北側から進入、道路幅3.5

写真2-40

写真2-41

　mの一方通行路をM化学小隊が火点200mまで進入し、火点直近に部署、M1小隊から中継を受けた。

　まもなく到着したMはしご隊員と連携し、早期に救助放水線2線を延長、送水を完了したM1小隊員とともに、火炎渦巻く1、2階の火勢を制圧しながら②建物2階に三連はしごを架梯、援護注水及び照明作業の下に検索班2班による検索を実施した。

　2班に分かれて内部検索の結果、窓際ドア付近に倒れていた女性1名を発見、全身熱症の状態から毛布で保護し、応急はしごにより1階に救出、M救急隊が救命センターに搬送したものである（図2−11、図2−12参照）。

　救出した要救助者を応急はしごで救出する際に、身体保護及び落下防止に配意するため毛布を活用し、確実に縛着して救出した。

　開口部から濃煙が噴出し、内部は火炎が渦巻いている状況の中で、②建物から迅速に人命救助ができたのは、各隊の有機的連携と救助指定中隊が原則どおり迅速に火点対応し、火勢制圧を図ったからである。

　延焼範囲が広範囲に及ぶ場合、出場各隊は活動しているため全体が見えない。全体を把握し、的確な判断により活動方針を定め必要により隊に下命、あるいは補正して活動の統制を図るのが指揮隊の任務であり、応援指揮隊、情報指揮隊を最大限活用することにより必要な情報が得られ、全体が指揮できる。

3　教　訓
⑴　火点建物は救助指定中隊が、②建物はJ特別救助隊に検索を下命するとともに、応援指揮隊に局面指揮（南側全般）を、情報指揮に②建物の各世帯数と人員、面積算定を下命することにより必要な情報を得ることができた。②建物隣に住む消防団員からの情報で要救助者の位置、

図2-11

消防活動図

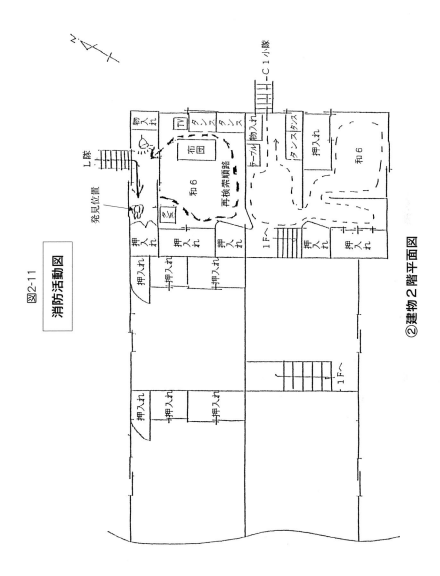

②建物2階平面図

図2-12

## 部分詳細図（発見）

状態が早期に把握できた。

　このように消防団員や町会役員など町の有力者からの情報は、確実性が強く情報収集のポイントである。

(2)　火災の特徴として、火点建物を含め延焼した建物のすべてが木造、防火造の長屋形式の専用住宅や店舗併用住宅であったことである。

　隔壁板の無い古い長屋住宅は、延焼拡大が早く、小屋裏から次々と延焼し、2階から1階へと燃え下がるという状況であり、天井を破壊して放水を入れないと鎮圧できないことから内部進入した隊は悪戦苦闘した。特に、後着隊及び第2出場隊へは、破壊器具や三連はしごの搬送を具体的に指示した。

　長屋の場合、天井の破壊が活動ポイントである。過去に天井裏が確認できずに大きく延焼した火災があったことから、早期に小屋裏に水を入れることが必要である。

(3)　一方偏集区域における第2出場隊は、要請時に担当方向、担当面を指示する。また、到着時に指揮本部に集めて任務を具体的に下命する。

　道路狭隘区域でありポンプ車の進入が困難なため、消防団の手引きポンプを消火栓に部署させホース延長、長時間活動に備えた。さらに、残火処理は、消防団にスタンドパイプを貸し出し、有効活用を図った。

　長時間活動においては、消防団の警戒活動等が重要となる。消防団員の積極的活動に対し、

写真2-42　延焼拡大する高層建物火災

　署幹部から活動をねぎらう言葉を掛けてもらい、引き続き現場警戒を依頼した。また、副団長、分団長と共に罹災した住民が、身を寄せている町会会館に立ち寄り、消防団と共に再出火防止の警戒は継続すること、原因調査の際は協力をして欲しい旨を伝え理解を得た。

　災害活動の基本は、「治に居て乱を忘れず」の災害への備えと、災害現場では、あらゆる事象に対する熱意と誠意をもち対応することである。

# 第3章

消防活動に影響する
火災性状等

## 1　フラッシュオーバー

(1)　初期の段階で発生した多量の未燃の可燃性ガスは火災発生室内に蓄積されるが、その可燃性ガスの濃度と、室内又は室内に流入する空気量の比が燃焼限界内に達したとき、一時的に爆発のような燃焼が起こり、極めて短時間で部屋全体が炎に包まれる。この現象をフラッシュオーバーと呼んでいる。一般には、火災が天井面に拡大し、未燃の可燃性ガスの放出量が大きくなるとともに、天井面の炎からの輻射熱によって、床面や室内の物品全体が高温になったときに起こる。そして、フラッシュオーバーが起こると、それまで密閉されていた部屋はその爆発力によって窓ガラスなどの弱い部分が破られ、多量の熱と煙が室内から室外へ移動する。

　有炎着火してからフラッシュオーバーまでの時間の長短は、火源の大きさ、内装材料の種類、室内の可燃物品の量、開口条件等により大きく異なるが、目安としては下記のとおりである。

※　可燃内装材→3分、難燃材→4～5分、準不燃材・不燃材→6～8分

図3-1　内装材によるフラッシュオーバーの差異

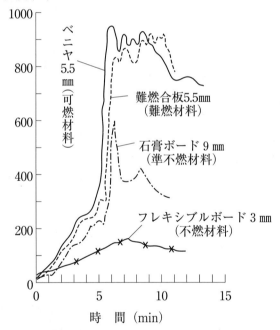

このように、フラッシュオーバーが発生する時期は、<u>火災現場に到着した消防隊員が消防活動を開始する時期にあたるため</u>、出火建物の居住者のみならず消防隊員にとっても火災の進行段階でもっとも危険の大きい現象といえる。

(2)　フラッシュオーバーの目視状況として、黒煙の発生量は天井着火直後から急激に増加し、次第に室内に煙が充満、煙層下部が降下し、開口部から噴出する黒煙が黄色みを帯びてくる。開口部中性帯下部の空気の吸い込みが強くなり、開口幅が狭い場合には、煙の噴出に息継ぎ現象が見られるようになる。開口部から流れ出す煙が、極めて急速に炎に変わる。その際、火炎噴出前に、噴出する煙の中に一時的に炎が認められることがあり、また、開

写真3-1　フラッシュオーバー発生直前

　口幅が大きい場合には室内全体が炎に包まれる以前に開口部から炎が出る。

(3)　火災室内温度は、天井着火後から天井下には高温ガス層が形成されるため、天井下の温度
　　は数百℃まで急速に上昇する。高温ガス層は、次第に厚みを増すため、下方の温度も次第
　　に上昇する。フラッシュオーバー発生直前の室内温度は、床上数十cmの位置でも150℃〜
　　200℃を超え、開口部から流出する煙の温度は、500℃〜600℃を超えるようになる。フラッ
　　シュオーバー発生時には、火災室内温度は、床直上でも500℃に達する。

(4)　ガス濃度については、フラッシュオーバー発生前には、酸素濃度はほぼ0％、COは10〜
　　15％、$CO_2$は20％以上になる。煙層下側（床付近）のガス濃度は天井着火後、燃焼の拡大に
　　伴って変化し（開口部から一時的に煙や火炎を噴出した時に急激な変化を示す。）、フラッシ
　　ュオーバー上部濃度とほぼ変わらない。

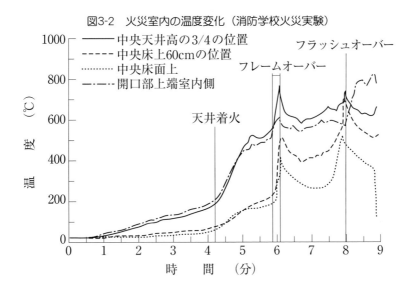

図3-2　火災室内の温度変化（消防学校火災実験）

写真3-2　フラッシュオーバー発生

## 2　バックドラフト

(1) 扉等の開放により火災室に新鮮な空気が流入し、火災室に蓄積していた可燃性ガスが短時間に爆発的に燃焼し、火炎が爆発を伴って室外に噴き出す現象である。この現象が起きるためには事前に部屋が十分に加熱されて、多量の可燃性ガスが蓄積していることが前提条件となる。火災中にガス配管が破損し、天然ガスが漏えいして起こる爆発もしばしばバックドラフトとなり、爆風と衝撃波を引き起こす。バックドラフトによる被害は、濃煙の噴出、ファイアボールの形成、門あるいは壁等建造物の倒壊等である。

(2) 目視状況として、開口部の隙間から褐色や黄色みを帯びた黒煙が間欠的に噴出し、時には煙に炎も混じる。また、煙の噴出する隙間の周囲にはタールの付着等による汚れが見られる。扉等を開けると、煙が建物内に逆流するような強い空気の吸い込みが起こり室内の煙は渦巻く状態となり数秒〜40・50秒後に開口部から火炎が噴出する。火災室内温度は、開放直後で400℃〜500℃、バックドラフト発生後には700℃〜800℃に達する。

(3) ガス濃度は、開口部開放前、$O_2$は2〜3％、COは約15％、$CO_2$は約20％である。開口部の開放とともに急速に変化し$O_2$は10％を超え、COは約5％、$CO_2$は約10％まで減少し、バックドラフト発生後急激に$O_2$は減少に転じ、CO・$CO_2$ともに増加に転じる。

## 3　間欠的爆燃

有炎現象が止まった後、外気の流入により再び燃え広がり、その膨張圧により炎や煙が噴出し、これを繰り返す現象を間欠的爆燃という。

## 4　爆　発

(1) 爆発のプロセスは、通常の燃焼ではガスと空気が一定の速度で供給され安定した炎を形成し、燃焼により発生する熱量と周囲へ放散される熱量とがバランスをとり、周囲にはほとんど圧力の変化を引き起こさないのに対し、爆発は反応に関与する物質の急激な膨張によ

り、周囲に圧力の変化を引き起こすもので、燃焼反応によって起きる急激な圧力の上昇現象ということになる。

　爆発の種類としては、物質の形態によりガス爆発（ファイアボール）、粉塵爆発、分解爆発、混合爆発などがある。

⑵　爆風は、爆発による影響のうち最も重要なものである。爆風というのは爆発によって生じた衝撃波及びそれが減衰して音速で進む圧縮波の総称である。爆風は一般には空気中の現象をいうが、水中又は固体中を進む同様の波は普通衝撃波と呼ばれる。

　気体は一般的には、膨張すれば温度が下がり、圧縮されれば温度が上がる。したがって、爆風は伝播していくにつれて、急速に減衰していく。

　ガス爆発による被害は燃焼炎による受熱と爆風圧によるものがある。

　風圧と木造家屋の被害との関係を実験例、事故例から推定すると下表のようになる。

表3-1　爆風圧と家屋被害

| 被害状況 | 爆風圧（kg/c㎡） |
|---|---|
| 窓ガラスが破損することがある | 0.06 |
| 受圧面の窓ガラスはほとんど破損 | 0.08〜0.10 |
| 窓枠や雨戸が折損する（小破） | 0.15〜0.20 |
| 大概の窓枠や雨戸が折損 | 0.25〜0.35 |
| 瓦が崩落し羽目板が破損（中破）<br>　（建物構造にはひどい損傷はない） | 0.4〜0.5 |
| 小屋組がゆるみ家屋の柱が折れる（大破） | 0.6〜0.7 |
| 建築面積50㎡程度の家屋が倒壊（全破） | 1.5以上 |

　また、建物の窓や外壁が爆風圧によって受ける被害は次表のようになる。

表3-2　爆風圧と窓・外壁の被害

| 試　験　材　料 | 圧力（kg/c㎡） | 被　害　程　度 |
|---|---|---|
| 窓ガラス | 0.04〜0.07 | 普通の破損若しくは枠破損 |
| 鉄アルミニウム（パネル波形） | 0.07〜0.14 | 接続部破損 |
| 木製パネル（標準構造） | 0.07〜0.14 | 通常、破壊は主接続部で起こる |
| ブロックパネル8”〜12” | 0.14〜0.21 | 壁の部分破損 |
| レンガ壁パネル8”〜12” | 0.49〜0.56 | 剪断及び屈曲破壊 |

## 5　粉塵爆発

　粉塵爆発とは、固体の微粒子が空気中に浮遊している場合、これに火炎又は放電火花などにより爆発する現象である。

　粉塵というのは、一般に粒径$10^{-3}$〜$10^{-1}$mm程度の微粒子であるが、様々な大きさの粒子が混じり合い粒度分布も不均一であるため、ガス爆発のようにはっきりした爆発範囲を決めることは難しい。

　粉塵爆発を起こす微粉末の種類は様々であって、アルミニウム、マグネシウム、チタンなどの金属粉、炭塵、木粉、各種プラスチック粉、小麦粉などの乾燥した微粉状の可燃性物質はすべて爆発する能力をもっていると考えたほうがよい。

　爆発性粉塵として、考えられるものは次のようなものがある。

表3-3

| 炭素製品 | 石炭、亜炭、木炭、コークス、活性炭 |
|---|---|
| 肥料 | 魚粉 |
| 食品類 | でん粉、砂糖、小麦粉、ココア、粉ミルク、殻粉、粉末コーヒー、乾燥酵母 |
| 金属類 | アルミニウム、マグネシウム、亜鉛、鉄、マンガン、けい素、スズ、バナジウム、フェロシリコン、チタン、ジルコニウム |
| 木質類 | 木粉、コルク粉、リグニン粉、紙粉 |
| 合成薬品類 | 染料中間体、各種プラスチック、合成洗剤、ゴム類 |
| 農産加工類 | コショウ、除虫菊粉、タバコ |

　粉塵爆発の特徴としては、燃焼速度や瞬時の爆発圧力はガス爆発に比較して小さいが、燃焼時間が長く、発生するエネルギーが大きいため、爆発による破壊力と焼けの程度が大きい。発生するエネルギーは、最高値で比較した場合、ガス爆発の数倍であり、温度は2000〜3000℃くらいまで上がるといわれている。

　粉塵爆発は最初の部分的な爆発により、爆風が周りの粉塵を舞い上がらせ、二次、三次の爆発へと波及することによって被害が大きくなる。また、炭塵爆発などの場合は、単位容積あたりの炭素の量が多いため爆発後にガスに一酸化炭素が多量に含有することがあるので、そこに人が取り残されれば被害者の大多数が一酸化炭素中毒や酸素欠乏症に陥る危険が大きい。

　引火点の比較的高い潤滑油のような液体でもこれが空気中に噴出して分散し、霧滴状になるときは、粉塵爆発と同様な危険を生じる。

## 6　ファイアボール

　多量の可燃性ガスが発火すると半球状の火炎が形成され、浮力で上昇し、同時に周囲の空気を巻き込む。火炎は球状となり、更に上昇してきのこ状の火の玉を作る。このときできる火の玉をファイアボールと呼んでいる。

　ファイアボールを形成する物質としては、LPガス、天然ガス、LNG、エチレン、水素、プ

ロピレン等の可燃性ガスとガソリン、灯油等の引火性液体である。

　沸騰状態の液化ガスが気化して膨張し、爆発する現象をBLEVE（Boiling Liquid Expanding Vapor Explosion）と呼ばれるが、ファイアボールはその一つの過程として生ずるものである。

　BLEVEは次の過程からなる。

　LPガスタンクのような高圧ガス容器が、火災によって外部から加熱されすぎると、安全弁からの放出に追いつけず内圧が上昇し、容器の一部が破壊される。

　容器の一部が破壊され開口すると、内部は高い気圧から急激に大気圧に低下し、そのため過熱された内部の液化ガスが突沸現象（沸点以上の温度に過熱した液体が突然沸騰を起こす現象）を起こし、この膨張力で容器が更に破壊する。このとき裂けたタンクの破片がロケットのように飛ぶこともある。

　容器から噴出した大量の可燃性蒸気が発火してファイアボールを生じ爆発的燃焼を起こす。この爆発で破片が四方に相当遠くまで飛散する。

　ファイアボールは直径数百メートルにも及ぶものがあり、その中に人間が巻き込まれるとひとたまりもないが、離れた場所にいても相当の輻射熱を受けることが予想される。

　ファイアボール又はBLEVEの恐ろしさは、出火後10分〜30分程度の時間を経過したのち起こることで、消火活動中の消防職員を巻き込むことが多い。LPガスタンクが火災を起こしたときには、BLEVEの発生を予測し、十分な配慮のもとに消火活動を行わねばならない。

## 7　分解爆発

　不安定な化合物の中には爆発的な分解反応を起こすものがあり、しばしば爆発事故の原因となる。このような性質を持っているガスは、アセチレン、エチレン、酸化エチレン、ヒドラジン、プロパジエンなどが知られている。これらのガスは高圧になるほど、分解爆発を起こしやすくなる。また、オゾン、二酸化塩素、シアン化水素、アゾ化水素、酸化窒素、亜酸化窒素などのガスにもこの性質がある。

　アセチレンは燃焼範囲（空気との混合比で2.5%〜100%）が広い点からも危険の多いガスであるが、アセチレンを高い圧力で圧縮すると、極めて爆発しやすく危険である。その原因は、アセチレンガスが高圧下では$C_2H_2 \rightarrow 2C+H_2+54.2$kcalの分解を起こし、このときの発熱によって爆発を起こす。

　アセチレンは銅、銀、水銀などの重金属と作用して金属アセチリドを作るが、この物質も極めて不安定で衝撃によって激しい分解爆発をする。また、過酸化物は極めて不安定で分解爆発を起こしやすい。

　過酸化物は分解のとき発生期（元素が化合物から遊離する瞬間の化学的に非常に反応性に富む状態）の酸素を放出し、その酸化作用で更に爆発が激しくなるので特に注意が必要である。

## 8　水蒸気爆発

⑴　高温の金属と水が接触したとき、水が水素と酸素に分解し、その水素に点火し爆発を起こす場合。

　例：高温の溶融炉の事故や金属粉が燃焼しているところに水で消火しようとして起こる現

　象

(2)　高温によって水が爆発的な速度で水蒸気になり、体積を急激に増やす（約1,700倍）ことで爆発現象を起こす場合。

　　例：火山の水蒸気爆発やてんぷら油火災を水で消火しようとして爆発的に燃焼する現象

## 9　混合危険

　一般に混合危険とは、二種又はそれ以上の薬品等が混合して、発熱、発火、爆発したり、危険な爆発物を生成したり、引火爆発性のガスを発生したり、有害、有毒ガスを発生したりする危険性をいう。地震動などにより、化学薬品容器が転倒、落下し、二種類あるいはそれ以上の薬品が混合、混触し発火する危険がある。

　これら物質の混合危険の形態としては、4つに大別することができる。

(1)　酸化性物質と還元性物質

　　酸化性物質としては、硝酸塩、塩素酸塩、過塩素酸塩、亜塩素酸塩、次亜塩素酸塩、過マンガン酸塩、重クロム酸塩、硫酸、硝酸、過酸化物、酸素、塩素、臭素などがあり、還元性物質としては、硫黄、木炭、油脂類、金属粉などがある。

(2)　酸化性塩類と強酸

　　酸化性塩類に強酸が混合すると不安定な遊離酸を生成し、還元性物質との接触により発火する。

(3)　水との接触

　　消防法に定める第三類の危険物のほか鉄粉、マグネシウム粉、亜鉛粉、炭化けい素、アルキルアルミニウム、サラシ粉などは水との接触により発熱、発火する。

(4)　混合による爆発性物質の生成

　　単品同士ではそれ程火熱に対して敏感ではない物質でも、混合することにより分解しやすくなるものがある。

　　例：亜鉛粉末と硫黄、アルミニウム粉と酸化鉄、亜塩素酸ナトリウムと各種有機酸、ハロゲン炭化水素とアルカリ金属

## 10　外部延焼と内部延焼

(1)　外部延焼

　　外部延焼は建物の外側から火が延びていくもので、主として火災室から噴出した火炎が直上階の窓を破壊し、室内に延焼する、いわゆる「窓から窓へ」のケースであるが、マンション火災ではベランダの布団などの可燃物が延焼媒体となって上階（又は下階）へと延焼する。ベランダ手すりの目隠しなどが可燃性のパネル等で工作されている場合も同様である。

　　また、ベランダに灯油ポリタンク等の可燃性液体が置かれている場合、可燃性液体に着火すると燃焼しながら排水溝を伝って可燃性液体が流れ、下階へ延焼する。特に、窓が横長の形をしていると、炎は壁に引き寄せられるので上階への延焼危険が高くなる。窓が縦長の形をしていると、炎は窓から離れて噴出するので隣棟などへの延焼危険が高くなる

（コアンダ効果とは、噴流状の流れがあるとき、その付近に壁などを置くと、流れが壁に吸い寄せられることがある。この現象をコアンダ効果という。コアンダ効果は、火災室窓からの噴出火災・熱気流が壁面に吸い寄せられて上階延焼の危険を高めるなど、防火対策上、重要な意義をもつ現象である。）。

(2) 内部延焼

　内部延焼は建物の水平区画を突破して火が立ち上がるもので、竪穴、階段、エスカレーター等が主たる経路となる。また、防火区画されていても、埋め戻し等が不完全であると、この部分から区画外へ延焼する。

　防火戸で区画されていても、くさび等で強制開放されている場合や物による閉鎖障害により防火戸が閉鎖できない場合は防火戸としての役割を果たせず区画外へ延焼する。煙も区画外へ流出するので注意が必要である。

## 11　火災現場における有毒ガス（人への影響）

(1) 火災による主たる死亡原因

　熱による直接火傷死より、火災により発生する有毒ガス又は煙による死亡が多い。

(2) 火災時に発生する有毒ガスの種類

　一酸化炭素・二酸化炭素・シアン化水素・塩化水素・臭化水素・フッ化水素・パーフルオイソブチレン・窒素酸化物・ホルムアルデヒド・アクロレイン及び難燃剤の熱分解生成物等である。

(3) ガスの有害作用

　ア　一酸化炭素

　　ヘモグロビンとの結合性が酸素の250倍あり、空気中の一酸化炭素濃度が0.08％以上あると半分のヘモグロビンは一酸化炭素と結合し、血液の酸素運動能力は正常の半分以下に低下する。

　　一酸化炭素は、ヘモグロビンとの結合だけでなく、細胞の呼吸酵素であるシトクロム酸化酵素とも結合、酵素の機能を阻害するので生体に対する影響は大きい。

　イ　二酸化炭素

　　かつてヒトの麻酔に試みられたこともあり、中枢神経抑性作用がある。毒性は低いが明確な毒作用を有し、殺虫用の燻蒸剤、野犬の安楽死、ブタの食肉解体、ハブの麻酔などに使用。42％の二酸化炭素を吸入すると人は瞬時に意識が消失し転倒死に至る。

　ウ　シアン化水素

　　シアンは3価の鉄イオン（$Fe_3$）と親和性が強く、呼吸酵素であるシトクロム酸化酵素の作用を阻害する。細胞ではエネルギー産生が停止し、組織は、酸素は供給されてもこれを利用できない状態になるため、酸素消費量の多い中枢神経に最初に影響がでる。

　エ　塩化水素、臭化水素

　　塩化水素は塩化ビニルが燃えると発生するため、電気ケーブルの火災時に多く発生する。水に溶けやすく、眼、鼻、喉に対する刺激作用が強い。咽喉頭の水に溶け、高濃度では、浮腫から気道閉塞を起こす。通常の火災時には、単独で急性死を起こす濃度に達

することは無いが、刺激作用が強いため、行動障害を来し、かつ、吸入中止後の死亡が見られる。

オ　フッ化水素、パーフルオイソブチレン（PFIB）

　　PFIBは、三フッ化塩化エチレン、テフロン、プラスチックが燃えた時に発生する。化学兵器用の毒性物質として化学兵器禁止条約で申告・査察の対象になっている毒ガスである。化学兵器としての特徴は、製造が容易なこと、現存の防具では防げないことである。

カ　窒素酸化物

　　ニトロセルロース製品（X線フイルム等）が燃えた時に発生する。水に溶けにくいので、咽喉頭の水分に補足されることがなく、咽喉頭や気管に対する刺激作用が少ない一方、肺の深層部にまで高濃度のガスが到達しやすく、肺胞で$HNO_3$、$HNO_2$といった酸を生じ、これが傷害の原因となる。傷害が直接ではないので、症状発現まで時間のずれがあり、吸入後1、2日後に症状が現れることがあるので注意が必要である。

キ　ホルムアルデヒド、アクロレイン

　　新建材が燃えた時に発生する。いずれも、水に溶けやすく、眼・咽喉頭・気道に対する刺激作用が強い。症状が直ちに現れる。

ク　難燃剤

　　難燃剤として使用されている物質は種類が極めて多く、新しい物質が次々に登場しつつある。製品から発生するそれ自体の毒性以外に、難燃剤が火災時に問題となるのは、以下2点である。

　⑺　熱分解生成物の毒作用で、中には極めて毒性の高いものもあるが、詳しい全貌は全く分かっていない。

　⑻　難燃剤が添加されているものは、燃焼後に燃えかすが残る場合が多く、燃えかすから有毒ガスが発生する。

# 作 成 協 力 者 名

市倉　順吉

上舞　弘行

中尾　清光

小澤　正治

今井　忠一

菅　　広信

水越　和夫

天ケ谷忠行

鈴木　秀明

樋口　三富

加藤　春光

秋山　忠良

神戸　　操

柏　　　茂

石山　良治

西村　忠義

平　　康夫

中道　憲治

清水　　茂

大出　順一

鈴木　幸夫

渡辺　守茂

中野　一吉

木下　寛治

上村　正信

森田　悦幸

吉田　秀男

井田　　勇

小澤　茂義

小野　一夫

田川　政博

原島　　正

# 参 考 文 献

1  新消防戦術　1編 ・・・・・・・（財）東京連合防火協会（平成 4 年 7 月 5 日発行）

2  2訂　災害時の情報活動マニュアル（消防職員のための情報管理）
　　　　　　　　　　　　　　　　（財）東京連合防火協会（平成20年 4 月10日発行）

3  消防活動基準及び警防対策 ・・・東京消防庁警防部（平成21年 3 月内容現在）

4  消防活動プロトコル ・・・・・・東京消防庁警防部（平成15年 3 月作成）

**2訂版**
## 指揮隊の活動要領
現場が求める実用知識

平成18年 7 月10日　初　版　発　行
平成22年 5 月10日　2 訂 版 発 行
令和 6 年 6 月20日　2 訂版17刷発行

監　修／東京消防庁

発　行／公益財団法人 東京連合防火協会
　　　　東京都千代田区大手町1 - 3 - 5　東京消防庁内
　　　　〒100-8119・TEL 03(3212)4010

東京法令出版株式会社

112-0002　東京都文京区小石川 5 丁目17番 3 号　03(5803)3304
534-0024　大阪市都島区東野田町 1 丁目17番12号　06(6355)5226
062-0902　札幌市豊平区豊平 2 条 5 丁目 1 番27号　011(822)8811
980-0012　仙台市青葉区錦町 1 丁目 1 番10号　022(216)5871
460-0003　名古屋市中区錦 1 丁目 6 番34号　052(218)5552
730-0005　広 島 市 中 区 西 白 島 町 11 番 9 号　082(212)0888
810-0011　福岡市中央区高砂 2 丁目13番22号　092(533)1588
380-8688　長 野 市 南 千 歳 町 1005 番 地
　　　　〔営業〕TEL 026(224)5411　FAX 026(224)5419
　　　　〔編集〕TEL 026(224)5412　FAX 026(224)5439
　　　　　　　https://www.tokyo-horei.co.jp/

ISBN978-4-8090-2521-1